Dan S.Kennedy
ダン・S・ケネディ 著
牧野真 監訳

億万長者のビジネスプラン

How to Make Millions with Your Ideas

ちょっとした思いつきとシンプルな
商品があればいい

ダイヤモンド社

How to Make Millions with Your Ideas
by
Dan S. Kennedy

Japanese translation rights arranged with The Jeff Herman Agency, LLC.,
MA through The Asano Agency, Inc., Tokyo

はじめに

ダン・S・ケネディ

あなたは100万ドルのアイデアを手に入れた！

あとはやるかやらないかだ。


おめでとう！　あなたはすごい本を手に入れた。

本書を読めば、自分のアイデアを、何百万ドルもの大金に換えることができる。

これから、ちょっとしたアイデアを基にビジネスを始めて、短期間で実際に数百万ドル以上稼ぎ出した成功者の事例をたくさん紹介する。

大半は、私が親身にしているクライアントや友人の話だが、本書のために時間をかけて取材した話もある。誰もが知っている有名な話もあるが、その多くはあまり知られていないものばかりだ。

そういった事例と共に、大金を作り出す様々な方法を紹介していく。その中からあなたにとってピッタリなものが、きっと見つかるはずだ。

本書は、いわゆる事業計画の立て方や財務諸表の読み方といった、ビジネスの基本を教えるような無味乾燥なビジネス書ではない。事業計画書を作成する必要があるならば、図書館や書店に行けば、そういった類の本はたくさん見つかるだろう。私が同じような本を書く理由などまったくないのだ。

成功に方程式などない。決まりきった方法では成功はできない

この本は、体系化された手順を1つひとつこなしていくだけのテキストではない。正直そんな単純なやり方でお金持ちになれるはずがない。

成功には、ばらばらになったパズルを正しく組み合わせていくようなプロセスが必要だ。偶然得たヒントからアイデアを練ったり、他人のアイデアをヒントにしながら、自分の状況にまさにピッタリのパズルを組み合わせていくのだ。そのプロセスは非常にワクワクするものだ。

本書を手にしたあなたには、できるだけ早く成功してほしいと願っている。そのためには、この本に散りばめられているアイデアを試行錯誤して組み合わせて、あなたの目的にピッタリあったパズルを完成させる必要がある。

ビジネスは理論ではなく実践だ

ここで紹介するのは、アイデアをお金に換える方法だ。アイデアそのものではない。ビジネスの現場を経験していない大学教授や大手コンサルティング会社のコンサルタントが書いたビジネス書には、ずいぶんとうんざりさせられてきた。机上の空論をぐだぐだと書き連ねてばかりいるからだ。そういったコンサルタントの多くは、頭の中だけでビジネスを思い描き、実際には何も売ったことがないのだ。

本書で述べる方法はいずれも、私が現場で自分の会社やクライアントのために実践してきたもので、繰り返し効果があったものだ。

本書を価値あるものにするのはあなた次第

本書の内容は、私がコンサルティングを実践してきたなかで日々経験してきたもので、私の『ミリオネア（億万長者）養成セミナー』でも話しているものだ。このセミナーの参加者は米国やカナダのみならず、世界中に及んでいる。受講費は、295ドル～3千495ドルだ。

受講生は、1千ドルで再受講もでき、受講生の90％が2度以上セミナーに参加している。私は何も自慢したいわけではない。ただ、「人を元気づけることだけに専念しなさい」というメンターの教えを実践しているのだ。

本書の価値は、実際の値段よりもはるかに高い。1万ドル相当の私のセミナーを受講するのと同じような価値がある。数限りない商品や、サービスの成功や失敗の事例はお金に換えがたい価値があるからだ。

ここからどれくらいのものを吸収できるかは、あなた次第だ。

監訳者より——本書のガイダンス

牧野　真

米国の著名なコンサルタントであり実業家でもあるダン・ケネディの未邦訳の名著が、このたび翻訳出版されることになり、とても嬉しく思う。

本書の最大の特徴は、様々な実例を紹介しながら、「ビジネスを成功させてお金を生み出す方法」をわかりやすく示している点だ。

著者のダン・ケネディは自身のみならず、多くの人を成功に導くことで経済的にも大成功した人物として知られている。

本書は、ビジネスを軌道に乗せたいと思っている経営者や起業家はもちろんのこと、将来、ビジネスを始めたいと思っている人にも、興味深く読めるはずだ。

原書が出版されたのは10年ほど前だが、今日のビジネスに十分通じる「成功のヒント」が、ふんだんに散りばめられている。

本書を読むと、日本の大企業でさえ未だに使いこなせていない手法が、当時のアメリカですでにいくつも開発され、実用化されていたことがわかる。それだけ「時代を先取りしていた本」だといえる。

ビジネスを急成長させる方法の1つとして、インフォマーシャルなどのテレビショッピングが詳しく紹介されているが、このビジネスモデルは近年、日本でも注目されるようになってきた。小さな会社でも、あっという間に、数十億、数百億規模のビジネスを築き上げる可能性を秘めている。テレビ媒体を使ったビジネスは、もはや大企業の特権ではなくなりつつあるのだ。

インターネットが普及した今日、売上を上げる方法といえば、電子メールやネットを使ったオンライン手法に目が行きがちであるが、実は、成功している企業（ネット企業でさえも）は、電話やファクスなどの「オフライン手法」を積極的に活用している。

本書で、電話によるアウトバウンドコール（発信業務）の有効性が紹介されているように、たった1本の電話をかけるだけで、売上が跳ね上がった例はたくさんある。

私が読者にぜひ読んでほしいと思っている個所は、**「ありふれたビジネスほど、桁外れに儲かるチャンスがあり、また、実際にゼロからミリオネアになった人の多くがその種のビジネスに携わっている」**ことを紹介した第2章だ。

そこで取り上げられているのは、クリーニング店、配管工事、カイロプラクター、書店など平凡なものが多く、この傾向は世界中で共通している。

あなたが今携わっているビジネスが「平凡」であっても、工夫次第で大きな富を生む可能性があるのだ。ぜひ参考にしてほしい。


本書の素晴らしい点は、読んでいくうちにインスピレーションがバンバン湧いてくることだ。普通の人が、ちょっとした思いつきやシンプルな商品からビジネスを始め、大きな収益を生み出すに至った数多くの事例に触れるに従い、あなたの会社にも取り入れたいアイデアがきっと浮かんでくるはずだ。


そして、天性の素質や才能、学歴などなくても、どんな人でも成功できるチャンスがある――ビジネスの世界は平等だということに改めて気づかされるだろう。

ダン・ケネディ自身も、幼少の頃は吃音に悩まされ、とても内気な性格だった。破産も経験し、どん底も味わった。その彼がプロの講演家として大活躍している。

その事実からも、本書は、ビジネスを通じて逆境も克服できることを証明した「希望のビジネス書」といえよう。

最後に、翻訳作業においては、友人のディビッド・ヒラキ氏と大崎圭子氏にご協力いただいた。心から感謝申し上げたい。

また、編集者の笠井一暁さんとのコンビはこれで3冊目となる。重ねて御礼申し上げる。

※本書では、ページ数や日本のビジネス環境などを考慮し、原著の内容を一部割愛していることをお断りしておきます。

億万長者のビジネスプラン——ちょっとした思いつきとシンプルな商品があればいい◎目次

第3章 収益性の高い商品やビジネスを独占する――52

第4章 視点を少しずらすだけで、商品が爆発的に売れる——81

第7章 ダイレクト・マーケティングで大きく儲ける――148

第8章 最速で億を稼ぐ テレビショッピングの威力とは？――185

第9章

信じられないほどの富を作り出す「情報をお金に換える」方法

第10章 知名度を最大限に活用して100万ドルのビジネスを生み出す——245

第11章 究極のミリオネア戦略——272

第1章 ゼロから富を作り出す8つの方法

世の中には、何万種類ものビジネスやマーケティング、販売方法、宣伝活動があり、日々新しいものが生み出されている。お金を稼ぐことにおいては、この社会はとても創造的であるといえる。

しかし、ビジネスの根本的な目的を考えると、パイオニアになる必要も革新的である必要もない。先駆的な試みで得られるお金は、堅実でありふれた方法で得られるお金と価値としては同じである。1ドルは1ドル、100万ドルは100万ドルに変わりない。

企業家としての私自身の経験と、クライアントたちの経験から、私はゼロから富を作り出す8つの方法を見出した。最近では、これらの方法にビジネス活動や関心を集中するようにしているし、クライアントにもそう勧めている。なぜか？　この8つの方法が、成功する可能性が最も高いからだ。

新しいアイデア、商品、サービスを使い、新たにビジネスを始めるにはリスクが付きまとう。成功の可能性の低い起業時にそのようなことを行うのは賢明とはいえない。わざわざ険しい山を選んで登るようなものである。なぜ吹雪の中、雪や氷で覆われた山を登る必要があるだろうか。

方法❶ "ありふれたビジネス"を革新する

街で必ず目にするのは、ドーナツショップ、レストラン、クリーニング店、書店、ビデオ店などのありふれた店だ。日頃は、ほとんど気にも留めない店である。これらの店のオーナーは、ほとんどの場合、自分の生活のためだけに仕事を始めたのだろう。年収は2万5千ドルほどにすぎず、儲かった年でもせいぜいその3倍ほど。仕事はきつくて、長時間労働だ。注目に値するようなことは何もない気がする。

しかし、こんなありふれた普通のビジネスこそが面白いのだ。あらゆる"ありふれたビジネス"において、桁外れに儲かるキャッシュ・マシン（現金製造機）に変えた人たちが大勢いる。第2章でそのうちの何人かを紹介するが、**面白いのは、アメリカでゼロからミリオネアになった人は、これらのビジネスに携わる人が最も多いということだ。**

あるクリーニング店のオーナーはいつも店にいる。顧客にはわからないが、彼はクリーニング店が入っているショッピングセンターの土地と、過去10年間の収入の大部分を貯めた年金基金を持っている。そして、クリーニングの紹介業も行っており、自分の顧客にカーペットのクリーニング業者や、毛皮、スエードのクリーニングサービスを積極的に紹介してかなりの手数料を得ている。他にも、自社ブランドの染み抜き剤の販売や、３人の請負業者を雇い、クリーニングのピックアップサービスも行っている。

こうしてみると、彼は、クリーニング業界の平均的な1店舗で行う仕事の2倍のことをこなしている。だから、10年そこらで、お金持ちになれたのだ。

つまり、どんなありふれたビジネスでも、本業を抜かりなく行って顧客に満足を与え、加えて本業に関連する気の利いた副業を手がけ、お金を賢く管理すれば、あなたもお金持ちになれるのだ。

方法❷　収益の高い商品やビジネスを独占する

ビジネスチャンスを検討するとき、誰もが思いつくのが、他人の商品を販売するビジネス——販売権獲得、販売特約店、フランチャイズなどだ。

もちろんこのやり方でお金を稼ぐことはできる。しかし、これで大金持ちになるのはとても難しい。なぜならば、**富というのは、ほとんどの場合、特別な概念（コンセプト）や商品、サービスを独占することによって生じる**ものだからである。

第3章でこの分野で成功した人たちを紹介するが、いずれも他人の会社の歯車になるより、自分が支配できるビジネスを始めた人たちである。

他人があなたの運命を支配していたり、他人があなたのビジネスに口出しできる状況に置かれていたりするのなら、あなたは自分のビジネスをしているとはいえない。自分がコントロールできないことを最小限にするのが、ミリオネアになる秘訣の1つである。

方法❸ サービス化を促進していく

1994年に米国で新規雇用が最も多かったのはサービス業界である。この業界が常に急成長しているのがその理由だ。社会のどのレベルにおいても、人々は信じ難いほど時間に追われているので、すべきことを代わりにやってくれる〝サービス〟を必要としている。このトレンドを利用して、どんなビジネスや商品であっても、サービスの要素を組み込めば、利益を得られるというやり方を第5章で紹介する。

ここでは、簡単に私のクライアントの例を1つ紹介しよう。1980年から、在宅の職業訓練を行っている『国際通信教育スクール』の例だ。

この学校で最も人気のある在宅学習コースは、「パソコンの使い方講座」である。このコースの教材は、教科書、手引書、ビデオテープ、オーディオテープにパソコンのソフトウェアだ。これらにスクールが付加したサービス要素は、〝ネットキャンパス〟である。パソコンや電話回線を利用して、学生たちが24時間いつでもグループディスカッションに参加したり、メールで講師とやり取りができるようにした。さらに、ソフトウェアの共有が可能な仕組みも提供した。

この例から、**〝商品にサービスを組み込む〟**という意味がつかめただろうか？　つかめたなら、あなたは、ミリオネアになる秘訣をまた1つ知ったことになる。

方法④　成功したやり方を「コピー」して、数を増やしていく

ありふれたビジネスをとても儲かるキャッシュ・マシンに変えたり、商品を独占したりする大きな利点の1つは、単純に〝数を増やす〟だけで、雪だるま式に利益を増やすことができることだ。

消費者はいつも何かを欲している。あなたのビジネスが1つの場所で成功すれば、同じようにうまくいく場所が何千、何万ヵ所もあるということだ。かつて、マクドナルドは兄弟で始めた小さな店だった。サンドウィッチのサブウェイしかり、ドライブスルーの洗車サービス、高速写真現像サービスなど、同様の例を数え上げればきりがない。

第6章では、この方法の成功者を紹介する。**単純なアイデア、商品、サービスをうまく**

〝コピー〟してその数を増やせば、お金持ちになれるのがわかるはずだ。

方法⑤ ダイレクトに売る

ダイレクト・マーケティングは、急成長しているビジネスカテゴリーの1つである。従来の複雑な販路を使わず、製造業者や卸売業者、仲介者、小売業者、広告業者などへのコストをかけることなく、直接消費者に販売する。もしくは、有力なダイレクト販売業者を通じて、新しい商品やサービスを提案するものだ。

具体的には、電話やダイレクトメールを利用する。また、テレビやラジオへ出演すれば、メディア側がエンドユーザーに引き合わせてくれる。一昔前にはこんな形での商品販売方法はなかったが、今や、家具、セキュリティシステム、パソコン、食物、車までもが直接販売されている。サービスも同様で、長距離電話サービスから花の宅配まで何でもある。誰かに花を贈りたければ、わざわざ花屋に出向くことなく、電話1本で事足りるのだ。週末のバーベキュー用に、メイン州の新鮮なロブスターが欲しいとしよう。この場合もスーパーに行く必要はなく、電話1本でネブラスカの家のドアまで届けてくれる。

第7章、第8章では、驚くほどチャンスにあふれる、活況を呈するダイレクト・マーケティング・ビジネスを紹介する。

方法❻ 情報をお金に換える

今最も人々が求め、消費し、貴重だと思っている商品は、宝石でもなく石油でもなく不動産でもない。**それは〝専門的な情報〟だ。**いたるところで、様々なかたちで自分の知識やノウハウを売って利益を上げている人々がいる。

完璧なウェディングプランの立て方、ビールの醸造法、おいしい料理のレシピ、ダイエット法、ネットで稼ぐ方法、ディスカウントチケットの購入法、鳥小屋の作り方――お金に換えられる情報のリストを作れば、それだけで本書よりも分厚い本ができるだろう。

1つ例を紹介しよう。歯科医である私の友人は、歯科検診にかかる時間を通常の半分に短縮する方法を考えついた。彼の持っていた情報はそれだけである。そのたった1つの情報をもとに、彼は、歯科医、歯科助手、歯科衛生士向けの講座を開発し、それを収めた2種類のビデオテープを商品化した。そのおかげで、年間10万ドルの副収入がある。

方法❼ 知名度を最大限に活用する

友人のポール・ハーチュニアンは、1日に40万ドル稼ぐ。知名度が高いおかげである。彼はまったく違う分野で2つのビジネスを立ち上げた。1つは投資、株取引関連のビジネスで、もう1つは女性と出会い、恋愛関係にこぎつけるようアドバイスをするビジネスだ。

どちらのビジネスにおいても彼はエキスパートとして有名になり、フォーブス誌や数え切れないほどの新聞に取り上げられ、人気トークショー番組『フィル・ドナヒュー・ショー（アメリカ3大ネットワークテレビの1つ、NBCの人気トークショー。ゲイやレスビアン、人種問題、環境問題などタブーとされていた社会的問題を取り上げてきた）』をはじめ多くのトークショーに出演した。

このように**自分の知名度を上げることで、どんな広告を出すよりも効果的に多くのお金を稼ぐことができる。**ポール曰く、「1千ドル払って1つの新聞に広告を載せても、1日でゴミ箱行きだ。雑誌だとしても1ヵ月後には同じ運命になる。1千ドルあれば7千のニュースリリースを、7千の違ったメディアにファクスすることができる。そうすれば、何百社もの新聞・雑誌に広告を載せるのと同じ効果が期待できる」と。

有名人に対する需要は尽きないようだ。テレビのトークショーの数は、これまでにないほど増えている。ラジオも同様であり、『ピープル』誌は大当たりである。人々は面白い人に興味を持つのだ。第10章では、このように知名度を活用して成功した人々を紹介する。

方法⑧ 独創的かつ賢明な組み合わせを行う

これまでアイデアを大金に換える方法を述べてきたが、自分にふさわしいやり方を1つだけ見つけるのはとても難しい。それが難しいということを理解することが、ミリオネアになる秘訣の中で最も大切なものである。

◪３つのビジネスタイプ

本書を読み進めていくと、すべての事例が「**商品牽引型**」「**市場牽引型**」「**メディア牽引型**」の３つのタイプに分類できることに気付くだろう。

①「**商品牽引型**」ビジネスは、商品自体がとても魅力的でユニークなので宣伝がしやすく、様々なメディアや市場で売買される。後ほど紹介する『ナンシー・クワン・パール・クリーム』は、とてもユニークな化粧品であるため、オリエンタル・ビューティ・シークレット社のビジネス全体を牽引している。テレビや雑誌広告、ダイレクトメール、カタログを通して販売され、ヘルスフード店やドラッグストアの店頭にも並んでいる。あらゆる年齢層にリピーターの顧客がいて、その他のラインナップもあわせて購入してくれる。まさにこの商品あってのビジネスといえるだろう。

このように強力な商品を開発することは容易ではないが、それができれば世界はあなたのものになる。

②**「市場牽引型」**ビジネスは、ニッチ市場の発見が最大の成功要因となる。たとえば、カイロプラクターや歯科医たちは、広告やマーケティングの必要性を強く感じていて、私のセミナーや出版業界は彼らの需要のおかげで活気づき、何百万もの利益を得た。また、トラックの防水システムの開発と販売の相談をしてきた顧客がいたが、それは行政機関から委託されたもので、地方自治体の砂利や砂を運ぶトラックとゴミ収集車専用のものだった。つまり、特定市場のビジネスである。

あまり人は気付かないが、こんな話はよくあることだ。この種のビジネスは成功の可能性がとても高い。

③**「メディア牽引型」**ビジネスは、主要なメディア（媒体）を使って商品やサービスの販売を行うものである。ガシーレンカー社は、100種類もの商品ラインナップがある化粧品を販売している。これらの商品はテレビ通販のインフォマーシャルやホームショッピングチャンネルでしか購入できない。また、重油添加剤、エクササイズ・フィットネスビデオ、自己啓発教材、ゴルフ用品など、同社のビジネスは多岐にわたっているが、唯一の共通点は、どの商品もメディアを通じて販売されていることだ。

「メディア牽引型」ビジネスは、現代的でハイテクなビジネスだ。このタイプで活躍する起業家は、彼らの扱う商品やサービスのスペシャリストではなく、**この独特の販売方法のスペシャリスト**なのだ。このタイプのビジネスは最も面白くてエキサイティングだといえる。なぜならば、ゼロから最速でミリオネアになる可能性が最も高いからだ。

以上の3つのビジネスタイプと、先に述べた「ゼロから富を作り出す8つの方法」を理解できれば、ビジネスに対する見方が変わるはずだ。現在のビジネスやこれから始めたいビジネスをこれらに当てはめ、ふさわしいやり方を考えてほしい。

第2章

ありふれたビジネスを、桁外れに儲かる「現金製造機」に変える

第1章で述べたが、富を築くための、最も可能性が高い現実的な方法は、どこにでもある〝ありふれたビジネス〟に関わることだ。誰も目にしたことのない革新的な商品やサービスを創り出すのは、不可能とはいえないがとても難しい。しかし、すでにあるものならば話は別だ。**たとえ多くのライバルがいても、すでにあるものを革新的なものに変えることができるなら勝算はあるのだ。**

たとえば、配管工や塗装業のような、ごく普通のビジネスで大金持ちになるにはどうすればいいのだろうか。その答えは、ラリー・ハーモンが教えてくれる。

ラリーの小さなありふれた会社――デマー社（De-Mar）は、配管工事や冷暖房機器のサービスを扱うビジネスで画期的な試みをして、1993年の『Inc.』誌で全米の急成長ビジネスのベスト500に入った。カリフォルニア州クロビスにある、わずか4万人の小さな町で、330万ドル以上を売り上げたのだ。

デマー社では、他社と同じような通常の社員研修だけでなく、社員の士気を高めるためのミーティングを週3回行う。また、サービスアドバイザーと呼ばれる社員にデール・カーネギー・コースを受講させ、業績に応じて成果報酬として1人当たり年間5万〜6万ドルを支払っている。こういったことはデマー社の驚くべきビジネスのほんの一部に過ぎない。

デマー社の商圏に住む人々を対象に、「配管や冷暖房の修理が必要な時にまず思いあたる会社は？」というアンケート調査を行った結果、1998年には、80％の人々が他社の名前を挙げていたが、現在では、84％もの人々がデマー社の名前を挙げるようになった。

デマー社は地域で最も高い価格設定をしているにも関わらず、1989年からの売上の伸びは300％、実に300万ドル以上になる。

「提示した価格が納得されないのは、それだけの価値がないと思われているからだ。競合他社より価格設定を高くしても納得してもらうには、サービスの質で他社を打ち負かすのだ」とラリーは言う。

彼は、〝サービス優位〟の考え方を実行に移した。サービスのよさで差別化したのだ。

それでは、デマー社の具体的なサービス内容を見てみよう。

①即日サービスの提供

修理サービスについて顧客にアンケート調査を行った結果、顧客の不満で最も多かったのは、修理人がすぐに来ないことだった。顧客は修理依頼の電話をして、「3日以内にうかがいます」なんて言われたくないのだ。

約束の時間に遅れるのも顧客を怒らすことになる。

こういった顧客の生の声をたくさん聞いて、デマー社では、完全即日サービスを提供することにした。

②年中無休、24時間割増し料金なし

「従業員に時間外労働をさせると人件費が高くつくが、その分は、顧客の信頼を得ることによって埋め合わせができる」

これが、ラリーの考えだ。

③明確な料金設定

修理サービスについての顧客の不満の第2位は、修理が終わってはじめて、高額な修理費を告げられ、請求されることだった。これについて、デマー社では抜本的な改善を行った。

業界の一般的な修理費の算出方法は、修理にかかった時間に対する人件費に、部品費と出張費を合算する。しかし、デマー社は〝定額料金〟を設定したのだ。

ラリーは語る。

「これは、自動車修理サービスから得たアイデアさ。デマー社では、サービス内容ごとの修理費を料金表にして1冊の本にしている。サービスアドバイザー（以下ＳＡ）たちは、毎週月曜日に料金表を覚えているかテストされる。実際に修理を始める前に、顧客に料金表に基づいた見積料金を伝えるんだ。それだけのことだよ。もし間違えて、安い見積もりをしてしまったとしても、それはこちらのミスだから、後で料金を上乗せしたりはしない」

また、デマー社ではＳＡのサービスの質をモニターしている。修理後に必ず顧客に電話を入れ、満足度を確認するのだ。ＳＡは、顧客からのお礼の電話や礼状、またはクレームによって勤務成績のポイントが増えたり減ったりする。各人のポイントは社内に掲示され、ポイントによって、最高50％年収が上がる可能性があるのだ。

ＳＡは営業マンでもある。新規顧客の修理を終えると、顧客にパンフレットとディスカウントチケットを渡し、デマー社の『オールシーズン・プロテクション・プラン（年間サポートプログラム）』を説明して登録してもらうのだ。

ＳＡの給与は時給ではなく歩合制となっている。この歩合制は、同業他社から非難されたが、ラリーは譲らなかった。時給から歩合制に変えたことで、社員への給与負担は合計で21%上がったが、引き換えにデマー社の年商は45%の大幅増となった。

もちろん、従業員全員が無条件にSAとして残れるわけではない。年間に、新入社員の半分は退職するか解雇される。厳しい服装規定や多くの研修があり、労働時間も長時間に及ぶためだ。さらに、デマー社の評判を落とさないように、優秀なSAたちからプレッシャーもかかる。

ラリーは、米国の人気コンサルタント、トム・ピーターズからも大絶賛されている。デマー社は、中央カルフォルニア地区の1993年度の「スモールビジネス・オブ・ザ・イヤー」に選ばれた。ラリーは言う――

「1985年当時はビジネスが低迷しているときだった。しかし単に儲けだけを考えるのではなく、焦点を当てるべき優先事項をサービスの質の向上にシフトした結果、デマー社は地域で最も支持される企業になったんだ。21万ドルだった年商も、6年で330万ドルになったよ」

このようにラリーは、ありふれたビジネスをあっという間に、桁外れに儲かるキャッシュ・マシンに変えた。彼のやり方を参考にすれば、素晴らしいサービスを組み入れることで高収益企業を作ることができるのだ。

ラリーはデマー社の成功と成長と評判を維持するために、収益の2%を社員教育のために投資している。社内図書館の蔵書を増やしたり、デール・カーネギー・コースをはじめとする様々なセミナーを社員に受講させたり、特別ボーナスを支給したりするなどに使われている。

さらに、収益の実に13%を、ラジオやテレビ、豪華なパンフレット、顧客へのダイレクトメールなどの広告宣伝費に投資している。

成功のポイント❶

他人の批判は気にせず、顧客の声を優先する

◪マーケティングとプロモーションは非常識にやってみよう！

率直に言って、スモールビジネスの経営者の多くは、マーケティングに関して、するべきことをしていないし、何をするべきかわかっていない。お客を集める方法については、せいぜい3つ実行していればよいほうだ。最悪の場合、看板を出してドアを開けて待っていれば、お客がやって来るとさえ思っている。

数年前、私はある有名なカイロプラクターと共に、コンサルティングの仕事をさせてもらった。彼は、たった1人で年商数百万ドルの診療所を次から次へと開業させ、どの診療所にも毎月多くの新しい患者が訪れていた。平均的な診療所が1年かけて集める患者数をわずか数ヵ月で集めてしまうため、全国的に名前が知られる存在だった。当然、いつもこんな質問をされる。

「どうしたら1ヵ月で100人の新しい患者が集まるのですか？」

それに対する彼の答えが忘れられない。

「そのご質問には、望みどおりの答えはできません。なぜなら100人の新しい患者を集められる方法なんて知りませんから。私が知っているのは、1人の新しい患者さんを得るための100通りの方法です。そして、そのすべてを実行しています」

◪お金をかけずに多角的マーケティングを実行する！

ロジャー・ウィリアムスは、ニュージャージー州の書店の経営者だ。ロジャーは、店自体の宣伝広告にお金をかけるよりも、〝戦略的なマーケティング・アライアンス（企業間の連携や共同行動）〟を行うことを重視している。

具体的には、地元のリムジンサービス会社のすべての車に、最新のビジネス書のカタログを置かせてもらっている。また、近所のピザ屋に行けば、ロジャーが発行しているニュースレターが山積みになっていて無料で手に入れることができる。

このニュースレターは顧客と地元の商店にも郵送される。小説が映画化され、街で上映されれば、店のショーウィンドウに原作本と映画の宣伝を兼ねた展示をする。映画館のロビーには原作本や関連本の販売コーナーを設置してもらう（映画『ペリカン文書』が上映されれば、原作者のジョン・グリシャムの本をすべて並べるというように）。

では、ロジャーはどのように映画館やピザ屋の協力を取り付けたのだろうか？ 答えは「頼んだだけ」である。

交換条件として、年に数回、本の宣伝用に映画館でチケットを買う。映画館側は、書店のショーウィンドウを宣伝に使える。また、ピザ屋のオーナーは、ロジャーの店のコピー機を無料で使うことができる。

成功のポイント❷

怠惰でなければ、多角的な方法を実施せよ

◪断りがたいほど魅力的なオファーを提供する

私がはじめてボブ・ストゥパックに会ってインタビューしたのは、1987年のことだ。ボブは米国の人気番組『60Minutes』に出演して、ハリー・リーズナーからインタビューを受けるほどの有名人だった。2千500万人の視聴者が見守る中、50万ドルを賭けて、〝コンピューター〟とポーカーゲームをやって勝ったことがある。

ボブの所有するカジノは、フランク・シナトラなどの有名人や金持ちに人気だった。ラスベガスの時の権力者たちは、ボブの成功にうんざりすると同時に当惑していた。ボブがわずか数年間で、おんぼろスロットマシーンだけを置いた店を、まったく無借金で、530室もあるダブルタワーのホテルとカジノに変えたからだ。しかも施設を拡張すればするほど客が来る。ホテルの部屋も、ほぼ連日80~100%埋まっていた。

それ以来、ボブの快進撃はとどまるところを知らない。1千人収容の劇場、さらに500の客室のあるタワーホテルも作った。『ウォール・ストリート・ジャーナル』や『ニューズ・ウィーク』などの雑誌は、ラスベガスに次々にできるボブの施設を次のように紹介した。

「1千12フィートの摩天楼ストラトスフィア・タワーは完成すれば、展望タワーホテルとして全米一の高さを誇る。世界では9番目に高いビルだ。1千室もあるホテルの部屋もほぼ連日満室だ。なぜボブにそんなことができたのだろう？」

巨大企業が面食らうのを尻目に、ボブ・ストゥパックが競争を勝ち抜け成功した秘密——それは、「断りがたいほど魅力的なオファー」を提供したことだ。

『USAトゥディ』や『プレイボーイ』誌の全面広告で、また新聞の折込広告や毎年数十万通も郵送されるダイレクトメールに書かれているボブのオファーは次のようなものだ。

デラックスルームの2泊3日を特別宿泊プランで！
シャンペンを無料サービス！
ギャンブルをやってもやらなくても、カクテルが飲み放題！
ショーの無料チケット付き！　レストランは割引料金！
そしてなんと、ギャンブル用に、1千ドルのチップもプレゼント！
以上すべて込みで、カップル2名様、2泊3日でたったの396ドル！

数字の間違いではない。396ドル払えば、1千ドル分のチップでギャンブルを開始できるのだ。これで、店側と同額を賭ける〝マッチプレー〟を行う。5ドルのチップを賭けて勝てば、そのチップは店のものとなるが、〝本物〟の5ドルがもらえる。

たとえば、一度に1千ドルを賭けるとする。ルーレットの赤に500ドル、黒に500ドル賭けて、ダブルゼロ（00）が出なければ、500ドル分の現金をもらえる。396ドルがあっという間に500ドルになるわけだ。

1組お客が来れば、ホテル側は104ドルの赤字から始まることになる（もしこの特別宿泊プランで、1千室が満室になれば、お店は10万4千ドルの赤字から始めることになる）。しかも、たいていの場合、さらに無料の特典が付いてくる。たとえば、カメラ、人工ダイヤのアクセサリー、ハワイ旅行などが。

これが、まさに「断りがたいほど魅力的なオファー」である。

ボブの唯一の課題は、人々にそれが本当のことだと信じさせることだ。月間どのくらいの客がこの特別宿泊プランを実際利用するのか、ボブははっきりと教えてくれなかったが、購入者は収容可能数の何倍にもなると言っていた。

言い換えると、ボブは、特別プランを買った人がすぐに泊まりたいと言っても対応可能な1万5千人分を毎月売っている。そして、396ドル払って特別プランを購入した人が、実際、予約をして宿泊するのは数ヵ月後または数年後になるので、ホテルは無利息で何十万ドルもの融資を受けているのと同じことになる。なんて頭がいいのだろう！

◪オファーをどのように組み込むのか？

ボブの話に感銘を受けた私は、他のビジネスやマーケティングに「断りがたいほど魅力的なオファー」を組み込む方法をいつも探している。率直にいって、ボブの提供するものと同等の魅力があるオファーを提供するのは非常に難しい。だが、たいてい近いところまではいける。そのために必要な要素は次の3つだ。

❶価格よりはるかに価値があると認識されること
❷魅力のある特典
❸強力な保証

この3つが揃えば、「これを断るなんてバカだ」と人は思う。

私のビジネスの1つである〝講演活動〟の稼ぎは、講演料そのものより、参加者がその場で購入してくれる自著や教材の売上からのほうが大きい。1時間半の講演の最後の6分間の宣伝で、2万5千ドルから5万ドルの教材が売れることは珍しくない。その際、一番よく使う宣伝文句は、「1994年、この教材は100万ドル以上も売れました」というものだ。これは、まさしく100万ドル稼ぐためのプレゼンテーションとなる。

このプレゼンテーションで私は、先ほどの3つの要素がすべて入った「断りがたいほど魅力的なオファー」を提示する。教材の価格は、まとめて買えば500ドル以上だが、セミナー参加者の特典として、たったの268ドルで提供する。さらに複数の特典も付けている。購入者が自分で制作した広告を送ってくれれば、私がそれに対して論評を返信する約束や、たっぷり1年間のサポート保証などである。

これだけの話を聞いてしまうと、教材や特典が欲しくなって、「これを買わないなんてバカだよね？」という思いで頭の中がいっぱいになるのだ。結果として、参加者1人当たりの売上は、他の多くの講演者よりも200〜300%も高くなるのだ。

もちろん「断りがたいほど魅力的なオファー」は、真実であり合法でなければいけない。人を騙しても意味がない。たとえうまく罪を逃れることや罪の意識を感じないでいることが可能だとしても、いずれにしろ一時的な売上にしかならない。それでは顧客と長期的によい関係は築けないし、安定した売上も望めない。

◪「無料のランチ」なんてありえないなんて、誰が言った？

第5章でクライアントのロリー・ファットが、経営不振のグルメ向け料理宅配ビジネスを「断りがたいほど魅力的なオファー」を使って、大成功させた例を紹介している。ロリーへの私からのアドバイスは、友人であり優秀なダイレクト・マーケティング・コンサルタントのムレイ・ラフェルの話をヒントにしたものだった。

ムレイは新しいデリカテッセン（監訳者注：サンドイッチや持ち帰り用の西洋風惣菜を売る店。ソフトドリンクやアルコール、雑貨などを取り扱う所もある。略して「デリ」とも呼ばれる）のために、即座にしっかりとした顧客基盤を作る戦略を用いた。高い広告費を使って、ゆっくりと顧客を獲得していくよりも、同じお金を使うなら一度に先行投資しようと考え、店の近くで働く人たち、つまり潜在顧客全員に〝無料のランチ〟を提供することにした。店の料理が本当においしいなら、食べた人たちは必ずリピーターになってくれる。そうなれば、ほとんど1日で顧客基盤ができる。

このムレイの賭けは当たった。無料ランチ配布の広告を見て、店には大勢の潜在顧客が押しかけた。無条件で無料のランチを食べられるなら、来ないはずがないだろう。店はランチを配り、顧客は繰り返しやって来るようになった。評判は口コミで広がり、彼のデリは事実上、初日から大人気店となった。

同様のアイデアは、一般消費者をターゲットにするスモールビジネス（B to C）に限らず、企業間取引（B to B）にも使える。

私はオハイオ州アクロンで育ったが、地元の有力者の1人にバートン・ディー・モーガンがいた。バートンは30年間で、6つの会社をゼロからスタートさせ、年間数百万ドルの利益を上げる企業に育てると、売却するか、大企業と合併させた。このうちの2つの企業はアメリカ最大規模の感圧紙製造業社ファッソン（Fasson）とモーガン・アドヘンスィブズ（Morgan Adhesives）である。『マックタック（MACTAC）』として知られている一連の商品は会社の目玉商品だ。

「当社には、病み付きになってしまう商品がたくさんある」とバートンは言う。「我々はそんな商品を〝麻薬〟と呼んでいる。それらを売る一番よい方法は、麻薬密売人のセールステクニックを使うことだと気がついた。つまり、顧客が虜になってしまうまで無料サンプルを渡し続ければいいんだ」

もちろん、この種のマーケティングを行うには勇気がいる。しかしこれが、ありふれたビジネスを桁外れに成功させる方法の1つであり、しかも、あっという間に成功を収めることもあるのだ。

成功のポイント❸ 勇気あるマーケティングを行う

◪ビジネスはどれくらい小規模でスタートできるか？

大きなホテルやレストランを始めるわけではないという人もいるだろう。むしろ、ほんの少しの元手でビジネスを始めて、それを大きくしたいという人のほうが多いはずだ。では、どのくらい小規模から始められるものだろう？

実はかなり小規模でスタートできる。たとえば、手押しカート2台分くらいの大きさの露店に、必要なものがすべて入るくらいの小規模ビジネスを考えてほしい。今、ショッピングモールで一番歓迎されるのは、そんな小規模ビジネスをする一時的なテナントである。このような借り手は通常、長期契約をせずに月極めでテナント料を払う。広くても100平方フィートほどのスペースで、衝動買いしたくなるような商品や食料品を販売する。これならたったの5千ドルからスタートできる。

しかし、そんなちっぽけなビジネスで本当にお金が稼げるのだろうか？

この成功例が、29歳のケビン・カラハンが始めた、たった1つのカートのお店――プライド・オブ・ミルウォーキーだ。ミルウォーキーと書かれたTシャツやマグカップ、ハーレー・ダビッドソンのロゴ入りの商品などをカートに並べて販売した。初年度の売上は、22万5千ドル、翌年は30万8千ドル、純利益は8万ドルだった。5年目に入り、年末商戦の時には、カートを増やして豊富な商品を扱うようになった。

◪温厚な会計士がナッツで大帝国を築いた

もう1つ成功例を紹介しよう。有名な『ババリアン・ナッツ（The Nutty Bavarian）』の話だ。

ジョン・モーナーは高額の給料をもらっている会計士で、海沿いの美しい家に住み、経済的に豊かだった。しかし、雇われの身で、場合によっては残業代なしで1日に12時間、時には16時間も働かざるをえず、プレッシャーで疲れ果てていた。そのため、定年まであと10年間勤められるという安定を捨て、会計事務所を辞めた。

ジョンは父親から、ヨーロッパの街角の露店商人が売る焼きたてのローストナッツがおいしかったという話を何度も聞かされていた。少し調べてみたところ、そういった露店ビジネスは、場所と商品さえよければ、厄介な投資や固定費（店舗家賃、店舗設備、人件費その他）なしで、かなり儲かることがわかった。

ジョンは料理などを学んだことはなかったが、台所の加熱調理器で様々なナッツと調味料を試してみた。新しいナッツ菓子を発明するためである。そしてついに、砂糖やシナモン、そしてその他の材料――〝ババリアン・ナッツの秘密のソース〟で味付けしたローストアーモンドナッツのレシピを完成させた。

最初は1つのカート型の露店でビジネスを始めた。従業員もいない。そこにあったのは、ナッツ、包装用の袋、カート、そして、ジョンの希望に満ちた笑顔だけだった。会計事務所の元同僚や元クライアント、友人たちはジョンを〝ナッツ（おかしくなった奴）〟と呼んだ。

しかし、この露店ビジネスは瞬く間に成功した。みんながジョンのナッツを大好きになったのだ。

3年後にはジョンの会社、ザ・スポーツ・ナッツ社のカート型の露店は、50ヵ所以上に広がった。それも、フィラデルフィアのベテランズ・スタジアム、サンフランシスコのキャンドルスティック公園、ソルトレイクシティーのデルタ・センター、ユニバーサル・スタジオ、キングスアイランド、シックス・フラグズといった一等地ばかりだ。1993年、直営店の売上が140万ドル、ライセンス・ディーラーの売上が150万ドル、合計すると300万ドル近くになった。

さらに、小規模ながら通販ビジネスも成長を続けている。公園などで彼のナッツを知った人たちが電話で注文してくれるのだ。ジョンによると、通販ビジネスについては何の開発、努力もしていないのに、これまで何千人もの人々にたくさんのナッツを出荷しているそうだ。近い将来、100万ドルの通販ビジネスに発展するのは目に見えている。

大統領のお墨付きが付いたことでバカ売れする！

ジョンはある見本市で〝偶然〟、クリントン大統領の側近に出会った。そのおかげでババリアン・ナッツが、大統領就任式ディナーの公認スナックとして認可された。

もちろん、〝偶然〟という表現は誤りである。彼は頭がいいのだ。見本市では、商品を展示してサンプルを配布するだけでなく、いろいろな人と挨拶を交わした。事が起こるように積極的に動いていたのである。

そして、就任式ディナーのために用意された500キロものババリアン・ナッツを人々が食べる様子が全国放送のニュースで放映された。『トゥデイ』や『グッド・モーニング・アメリカ』などのメディアでも取り上げられたため、5千100万人もの人々が彼のナッツを見たことになる。さらに、『タイム』誌からタブロイド誌までが記事にしてくれた。

こうした一連の報道を通して、スタジアム、テーマパーク、その他の施設の経営者がジョンに関心を持つようになった。その数の多さには本当に驚いたとジョンは言っている。彼を探し出して連絡をしてくる人もいた。ジョンがみずから連絡をすると、しきりに話を聞きたがる人もいた。

結果として、現在100台のカートを、3年後にはさらに500台、新しい場所に置くという目標はすぐに達成できそうだ。すでに100人の従業員を抱えているが、今年はさらに100人を雇い、ライセンス・ディーラーの数も増やす予定である。

「僕は31歳だけど、すごく人生を楽しんでいるよ」とジョンは言う。

「来月にはハワイに進出するので、少しの間、向こうに滞在するつもりだ。開店式に出なければならないからね。そして旅をして、面白い人たちに会う。10年後に5千万ドルの会社にできると思う？　41歳で5千万ドルの会社のオーナーなんていいよね」

彼に関しては、それが無理である理由が見当らない。ジョンの話には本書で取り上げる〝成功のポイント〟が多く含まれている。最後まで読み終えた後に、またこの章に戻って、読み直してみると、それらが何個含まれているかがわかるだろう。

確かなのは、**ほんの小さなナッツからでも、大帝国を築くことができる**ということだ。

第3章

収益性の高い商品やビジネスを独占する

十分な儲けを確保するために、利幅の大きな商品を所有する権利を持っておくことは、成功するための重要な秘訣の1つだ。これは通販ビジネスでは特に重要だが、すべての商売にいえることだ。

コントロールできる商品を持つことが、なぜ重要なのか?

通常の流通ルートで商品を仕入れる場合、利益率はあらかじめ決められている。たとえば、小売店の場合、仕入価格は希望小売価格の50~60%だ。希望小売価格で売れることはまずないので、おそらく実際の粗利は30%ぐらいだろう。

通販の場合、一般的な仕入価格は小売価格の50%、多く仕入れれば35%以下だ。言うまでもなく、利益を出すには仕入価格以上の値付けが必要になるが、通販で十分な利益を上げるには、主要商品に700~900%の利益を上乗せする必要があるのだ。

こうした通常の流通ルートとのギャップを埋め、他社との違いを生み出すには、**利益率が高く、自分たちで販売価格などを自由に決定できる商品をいくつも持っておくことが必要になる。**利益率の高い主要商品がいくつかあれば、他の商品は脇役として低いマージンで売ることができ、全体で十分収益性の高いビジネスが行えるからだ。

ここで、スイミングプール向け商品を扱っている、あるチェーン店の事例を話そう。商品は、プールに入れる塩素などの化学薬品やフィルターなどの備品、テラス用家具、ビーチボール、玩具、飲料水用クーラーなどである。

当時、各店舗の収支状態はなんとか経営を続けていける程度のものであったが、3年前に**「利益率の高い商品を持つ戦略」**を実践し始めて以来、高収益を生み出している。

具体的には、次のようなことが実践された。

①プライベートブランドの化学薬品を作った（プライベートブランドについては本章の後半で詳しく述べる）。それまでは、ボトル1本を4ドルで仕入れ、マージンほぼ100％の7・99ドルで販売していたが、同じようなボトルを1ドルで仕入れ、6・99ドルで売るようにした。これにより、価格設定、ブランドイメージ、利益率において競合上の優位に立つことができた。

②10代の若者たちと、ポリ塩化ビニールでテラス用の家具を製造するガレージビジネスを始めた。これにより、独自のテラス用家具を魅力的な価格で宣伝・販売できるようなった。他社からの仕入れに頼っていた頃は199ドルで販売して、儲けは50ドルだったが、PB製品の販売価格は129ドル、儲けは100ドルだ。

③自動プール清掃装置を韓国から輸入し、契約地域内の独占権を獲得した。商品の販売価格は仕入価格の400％だ。

④各店舗でオリジナルTシャツの注文販売を始めた。店舗に十分な来客があれば、宣伝のいらない高収益な商売になる。

各店舗では、それまでに取り揃えていた他の商品も引き続き販売している。顧客が一般に知られている商品を気に入っている場合もあるので、PB製品だけではなく、他社の商品も揃えてあるのだ。

通販ビジネスは、コスト管理をしっかり行わないと利益を出せない。利幅を仕入価格の800％未満にすると、ほぼ例外なく広告やダイレクトメールに投資できなくなる。それゆえ、手掛ける通販ビジネスの種類が何であれ、利幅を自分で決められる主要商品を持つ必要がある。その他の商品は、顧客リストにある既存顧客にだけ販売すればいい。

莫大な儲けを生み出す商品を独占する方法

商品の所有権を得るには4つの方法がある。

❶開発する。
❷出版する。
❸独占する権利を手に入れる。
❹PBを持つ。

以下、それぞれについて順を追って見ていこう。

ゼロから100万ドル生み出す商品を開発する（商品の所有権を得る方法①）

有名無名を問わずどんな商品の陰にも、アイデアと努力で、その商品を作り上げた人物が存在する。

ジェスチャーゲームは誰でも知っているだろう。ロブ・エンジェルは、そのジェスチャーゲームにボードゲームとカードを加えて、『ピクショナリー（Pictionary）』というゲームを考案した。

バート・レイノルズとバート・コンヴィも、パーティーのゲームだったジェスチャーゲームをもとに、テレビ番組を作った。人気長寿テレビ番組『ウィン、ルーズ・オア・ドロー（勝ち、負け、それとも引分け）』だ。

『ポプシクル（Popsicle／アイスクリームバーのブランド）』を食べるときは、フランク・エパーソンに感謝してもいいだろう。1923年、エパーソンはスプーンを入れたままのグラスを窓の下に置きっ放しにしていた。すると、中が凍ってアイスクリームバーになっていたのだ。彼はそれで特許を取った。

私のクライアントであるガーシーレンカー社が市場に出した歯のホワイトニングシステム『パーフェクト・スマイル』は、歯科医が開発したものだ。

自分の開発した商品の大ヒットを目の当たりにしてワクワクする人たちがいる一方、誰も知らないところで骨を折っている人たちがいる。しかもその数のほうがはるかに多い。しかし、中には誰からも注目されずに富を築く人もいる。その1人が、ウィルソン・コールだ。

1987年、建築を学んだウィルソンは、テレビコードのショートが原因で起こる発火を防ぐための、小さなヒューズ型アダプターを思いついた。こういった火事は、今も昔も大きな問題だ。実際、家庭での発火原因の第1位は、テレビコードであると専門家の多くが断言している。

ウィルソンは、そんなアダプターが必要とされることを確信して、開発に着手し、完成させ、『ファイアープラグ・テレビコード・プロテクター』として特許を取った。

ウィルソンは当時のことを回想する。

「当時は、多くの発明家志望の人たちと同じように、ただ特許を取りさえすればいいと思っていた。特許を取って、いろいろな会社にメールを送って商品を紹介する。それで特許収入が入ってくるようになって、お金持ちになれる。そしてまた新しい発明をする。こういったことを繰り返していけばいいと思っていたんだ。でも、すぐにそううまくはいかないことがわかった。アイデアを、特許が取れるまでのカタチにするのは至難の業だ。それに、もし特許が取れたとしても、自分自身で商品の製造から販売まで行わなければならないとしたら、うまくいくと思う? 現実には、ほとんどの場合、こういったことをすべて自分でしなければならないんだ」

ウィルソンに限らず、発明家の多くは同じように幻滅を感じている。ウィルソンは商品を市場に出すまでに、自分で多くのことをしなければならなかった。製造業者や梱包業者を探し、法的な問題や流通の問題を解決するといったことだ。結局、商品が店頭に並ぶまでに、20万ドル近くを投資した。

たしかにウィルソンのような発明家はすごいと思う。しかし、私は発明家になろうと思ったことは一度もない。大金を失う最速の道は、発明家になることだと思っているからだ。発明したものを売るには、たいへんな労力と決して少なくない資金を必要とする。苦労して集めた資金をすべて注ぎ込み、思いを込めた商品だが、売れない、売り方もわからないといった発明家や製造者はたくさんいる。

もしゼロから商品を作るつもりなら、よく知られていてアプローチしやすいマーケットにターゲットを絞り、既存の流通機構を利用するつもりで開発することを強くお勧めする。言い換えれば、売り方を知っていて、実際に売り込むことのできる商品を開発すればいい。確実に成功したいのなら、逆からやることだ。つまり、**「どこに売るのか（マーケット）」**と**「どのように売るのか（マーケティング）」**を明確にしてから商品を作ればいい。

理想的なマーケットを分析すると、**「Known（既知の）」「Identified（識別できる）」「Affordably reachable（妥当な投資で顧客にアプローチできる）」**という特徴がある。

「Known（既知の）」とは、すでに存在していて描写することのできるマーケットである。また個人的にもよく知っているとか、資料や定期刊行物や展示会などで豊富な情報を入手できるようなマーケットである。

「Identified（識別できる）」は、そのマーケットを構成している顧客像などがすでに明らかになっているマーケットのことである。たとえば、〝釣りファン〟のマーケットは、Identifiedである。なぜなら、雑誌の読者や専門カタログ会社のデータを使えば、マーケットの規模や購買層の属性（男女比、年齢、年収レベル、購買特性）を、感覚的につかむことができるからである。そういった情報はすべて公共の図書館で入手できる。

「Affordably reachable（妥当な投資で顧客にアプローチできる）」は、非常に重要である。これは、潜在顧客が皆、ある雑誌を読んでいて、その雑誌のメーリング・リストが入手可能であるとか、潜在顧客があるイベントに行くことがわかっていて、そこに出展可能であるとか、潜在顧客の誰もが特定のテレビ番組を見ているとか、といったことである。これとは対照的に、ターゲットとするマーケットを〝米国の女性〟などと定義してしまうと、とんでもなく宣伝費がかかる。なぜなら、マスメディアを使う必要があるからだ。たとえば、昼夜を問わずTVコマーシャルを流したり、たくさんの雑誌や新聞に広告を載せたりしなければならない。そのような媒体での競合は、レブロン、プロクター&キャンブル、ゼネラル・ミルズ（米国の食品大手）といった大企業だ。しかし、同じ〝米国の女性〟でも、ターゲットを〝プライベートジェットを所有している女性〟に絞れば、〝Affordably reachable〟といえる。彼女たちの購読しそうな雑誌なら1つか2つ特定できる。彼女たちは航空ショーにも参加する。住所録は入手可能だ。

このようなマーケットに合う商品ならば、その開発や発掘、そのためのビジネスの立ち上げはチャレンジに値するといえる。

続いてもう1つ、30万人あまりのRV車（レクリエーション・ビークル。ワンボックスカーやステーションワゴンなど主に遊びや娯楽用に使われる車）の愛好家を対象に、様々なサービスや出版物を提供しているグッド・サム・クラブの例を挙げよう。

グッド・サム・クラブは、RV車愛好家の興味をそそる商品を集めたオリジナルカタログを作っている。おもに既存の商品を集めたものだが、会員の声を参考に、オリジナル商品の開発も行っている。なぜなら、そういった商品は確実に売れることがわかっているからだ。それに、新しく販路を開拓する必要がない。これだけで商品開発のための投資リスクがかなり軽減される。当然、これは既存企業のみに許される手段であって、設立間もない企業にはあり得ないことだ。

◪ゼロからの発明を儲かるビジネスに成長させるのは、過酷な挑戦

発明家の道を歩むならば、その先の障害を正しく理解しておくことが重要だ。私のクライアントで、苦難を味わったトム・ドイルの話をしよう。

トムの開発した商品は、他社のものに比べかなりユニークだったので、消費者の理解を

得るのが難しかった。そのよさをわかってもらうため、ＴＶのインフォマーシャルやダイレクトメールで説明を兼ねた宣伝をしたかったが、価格を低く設定していたので宣伝費が捻出できなかった。

テニスをしているときに、手がすぐに疲れてしまうことにイライラしていたトムは、グリップのことばかり考えていた。グリップのデザインは1千年以上も変わっていなかった。そこでトムは、図書館で医学の本を読み、５つの大学の解剖学、人類学、生理学の専門家を訪ね、プロ選手のグリップの問題を解析し、粘土で試作品を作った。5年後、家のガレージは試作品でいっぱいになっていた。１９８８年、トムはその画期的なグリップの特許を取得して、グリッピング・ソリューションズ社を設立した。

友人に強く勧められて、その特許をまずマウンテンバイクのハンドル用のグリップに応用した。この商品はマウンテンバイク選手たち、マウンテンバイク用品店や修理工に、最も優れた商品として認められた。

ところが思うように売上が伸びない。トムと妻は、マウンテンバイク愛好者の集まりに行き、デモ販売を行った。梱包も発送もすべて自分たちの手で行い、会社を運営し続けた。それにも関わらず、広告や新製品開発のための資金を貯めることができなかった。

グリップの特許技術を、会う人、会う人に、執拗に宣伝した結果、『スミス＆ホーケン』

（米国のガーデニング会社の大手）の園芸カタログの購買担当者を説得することができた。たまたまマウンテンバイクのグリップを購入してくれた人だった。トムはカタログで人気のある数種類の工具用品のグリップ製作を依頼された。個々の工具に合うようにグリップのデザインを変える費用を捻出するのはたいへんだったが、これが突破口になるかもしれないと考えた。

選手の腕が上がるようなゴルフクラブやテニスラケット用のグリップ、安全性が高く反復動作による障害を防げる工業製品用のグリップ——特許がこうした商品に応用できることは、トムにとって予想されたことだった。実際、その用途に限りはない。しかし、資金には限りがあった。

1994年、グリッピング・ソリューションズ社は、わずか16万4千ドルを売り上げるのに2万ドルの赤字を出した。自転車ファンの雑誌からは熱烈に支持されていたにも関わらず、トムの開発した商品は店頭には並んでいなかった。店頭に並ぶ他社商品より価格が必然的に高くなっていたし、商品パッケージや店頭ディスプレイでは、トムの商品を買いたいと思わせる材料（開発ストーリー）を消費者に伝えることができなかった。一方でトムの商品は通販で売るには価格が安すぎた。

そこで、私の勧めで、設定価格を上げ、2組を1セットにして販売することにした。これで、ダイレクトメールや印刷媒体を使い、予算的に無理することなく直販できる。この結果はしばらくするとわかるだろう。成功するかどうかは、五分五分の可能性と言っておこう。

現在トムは、独占的ライセンス供与やジョイントベンチャー（共同事業）を持ちかけて、資金提供してくれるベンチャー・キャピタルを熱心に探している。たとえば、ゴルフ用品メーカーに対し、彼の特許技術をゴルフクラブのグリップに使える権利を独占的に供与するので、トムの会社に投資してくれるか、開発費用を提供してほしいと持ちかけたりする、などのようにである。

一方でトムは、友人や親戚、場合によっては消費者や販売業者に自社株を売るかどうかで迷っている。資金は必要だが、オーナー株主としての権利や支配がおびやかされることを危惧しているのだ。

しかし、こうしたことばかりに時間をかけてはいられない。事業を継続していくためには、グリップの販売を続けなければならないからだ。業務提携の可能性がある企業との打ち合わせや展示会に行くために、飛行機のチケットを買うかどうかを速断していかなければならない。

このような苦労は発明家の世界では当たり前の話である。もし発明家になるつもりなら、こういった過酷な挑戦を覚悟しておくことだ。忍耐強くなければ無理だろう。

トムが忍耐強くがんばって、マーケティングの問題を解決することができれば、2、3年で100万ドルの収益を上げることができるかもしれない。さらに、大手ゴルフクラブメーカーとの契約が多額の収益をもたらす可能性もある。また、『スミス&ホーケン』のカタログ掲載で成功すれば、他の多くの通販会社からも引き合いがあり、多種多様なグリップを販売することだって可能だ。そうなれば1年で億単位の収益が上がる。しかし、これらはすべてトムが辛抱して問題を解決できた時の話だ。

今ではトムも、マウンテンバイク市場に参入する前に、市場規模や市場での反応度を確かめてみて、ゴルフクラブやテニスラケット、さらに釣り竿などの市場にグリップの開発製造や売り込みをすべきだったと思っているはずだ。最初にこれらの市場を注意深く、客観的に調査分析したうえで、参入する市場を選んでいれば、トムの事業は今よりずっと進展していたであろう。

成功のポイント❹

商品を開発したいなら、まず参入するマーケットを十分に調べよ

ミリオネアとなった幸運な発明家

１９８５年、ペンシルバニア州の小さな町シャロンのよく晴れた暖かな日、職場を出たジェームス・ウィナーは、懸賞で当たったキャデラックに乗って、仕事帰りのドライブを楽しもうとしていた。

ところが、職場の前の駐車場にキャデラックが見当たらない。ジェームスの車には、セキュリティシステムが標準装備されていたが、泥棒はそのシステムを解除してキャデラックを盗み出したのだ。

この事件が、今や有名になった商品『ザ・クラブ（THE CLUB）』を考案するきっかけとなった（監訳者注：CLUB＝こん棒、警棒の意味）。

１９８６年にザ・クラブを発売後、わずか8年で、ジェームスの会社は、年商１００億円企業に成長した。この商品は、車のハンドルを固定して操縦不可能にするというとてもシンプルなものだ。ハンドルに取り付けられたザ・クラブを外して車を盗むには、かなりの時間と労力がいるので、車泥棒は、ザ・クラブが付けられている車はパスしてもっと簡単に盗める車を狙うのだ。

万が一、ザ・クラブを装着していた車が盗難にあった場合、ジェームスの会社が最高５００ドルを支払うという保証付きである。ちなみに、１９９２年の盗難事件の報告件数は、販売済みの310万個のうち、0・0625%にも満たなかった。

現在、ジェームスは、新たに数種のセキュリティ商品を手がけ、多忙な日々を過ごしている。1993年、小売店が選ぶベスト商品を受賞した住宅用のセキュリティ商品『ザ・ドア・クラブ（THE DOOR CLUB）』は、その一例である。

「割に合う犯罪にあったよ」なんて言う人はいないだろう。しかし、ジェームス・ウィナーは車を盗まれたおかげで、とんでもないチャンスを手にした。車を盗まれたり、家に泥棒が入ったりすれば、誰でもイライラする。自分や家族の安全がおびやかされるという不安や、地域の犯罪者に対する憤りも増幅していく。車の盗難事件が増加するにつれて、わかりやすく簡単に使えるうえに、価格も手ごろなザ・クラブは、説得力ある商品となった。

防犯関連産業全体の急成長も手伝って、ジェームス・ウィナーの事業は波に乗った。

成功のポイント❺ 敵への怒りをビックチャンスに変える

防犯スプレーの先駆けであるメース（Mace）社の売上も、1991年から1993年の間に36%上昇した。『クオラム』という新しいタイプのセキュリティ商品は、アムウェイのようなネットワークビジネスで販売され、1991年に1千万ドルだった売上が、1993年には1億ドルに跳ね上がった。これにはアナリストも当惑した。なぜなら、統計的に犯罪率は上がっていないからだ。しかし人々は、治安の悪さを危惧して安全な環境を買おうとしているのだ。

ますますハイテクで複雑化する世界で、まったく逆のローテクでシンプルな解決策を提案するところにビッグチャンスがある。ザ・クラブはハイテク商品ではない。ところが、成功しているのだ。

成功のポイント❻　シンプルにする

米国の消費者は期待はずれの商品やサービスを買ってしまった経験が多いので、はっきりした具体的な保証が付いているかどうかに、とても敏感になっている。私は以前から、完全なビジネスというものは、具体的な約束のうえに築かれるものであることを説明するために、ドミノピザの独自の保証――「新鮮で温かいピザを30分以内にお届けします！」――を例に挙げてきた。

ザ・クラブの場合も、装着していた車が盗難にあった時には、最高５００ドルが支払われる保証が付いている。では、マーケターとしての立場から、この保証のトリックを話そう。

第1に、ザ・クラブの所有者は、贈り物としてもらったものでも、みずから購入したものでも、実際には使わない人が多いのだ。車のトランクやガレージの片隅に置きっぱなしになっている未開封のパッケージがどのくらいあるだろう。私の想像では何万というザ・クラブが眠っているはずだ。

第2に、購入して、1年、2年と、時間が経つと、保証が付いていたことを忘れ、盗難されても保証金を請求しない人がいる。

このようなことが往々にしてあるので、会社が背負う金銭的リスクは少ない。つまり、この強気な保証は思うほどリスクもないし、金のかかるものでもない。

次に、ビジネスマネージャーの視点で言うと、保証金支払いの費用は、販売価格に含められていると考えられる。当初、ジェームスは、自分の商品に信頼を与えるため、あえて危険を冒して保証を付けたに違いない。しかし蓋《ふた》をあけてみると、保証金の請求は稀で、その支払いコストを商品価格に上乗せすれば、まったく問題ないことがわかった（ザ・クラブの平均店頭価格が50ドルとすると、１００個で5千ドルの売上になる。仕切価格がその約半分として、２千５００ドルが会社に入る。前記のように盗難事件の報告件数＝保険の支払い請求が販売数の0・0625％と仮定する。5千ドルの0・0625％は3ドル。これを100個で割ると、1個あたり3セントというごくわずかな金額になる）。

1個あたり3セントの予算で、強力な保証を付けることができ、広告やパッケージや店頭ディスプレイで、その保証を誇示することができるのだ。また、車が盗難されて、実際に500ドルを手にした人は、周りの人に、ジェームスの会社やその保証の素晴らしさを吹聴するだろう。

これは、顧客にとっても、会社にとっても、最高の仕組みだ。

成功のポイント❼　特別保証を付ける

◪出版によって合法的にお金を印刷する（商品の所有権を得る方法②）

紙とインク、オーディオ、ビデオで作る「情報商品（information products）」は、私のお気に入りだ。

情報商品は、自分で制作することも可能だし、使用許諾を与える立場にもなれるし、独占権もPBも手に入る。また、オンデマンド出版、つまり必要な分だけ商品を作れるのだ。さらに好きなだけの利幅を付けて売ることもできる。この儲かる商材については、第9章で詳しく述べよう。

◪他人の商品の独占販売権を獲得する（商品の所有権を得る方法③）

お金をかけずに、他人の商品の独占販売権を手に入れることができるだろうか？　驚くことに、そんなことは日常茶飯事だ。しかも、完璧に道理にかなったやり方で可能なことなのだ。

仮に腕時計の製造業者がいたとしよう。この会社は、あらゆる種類の腕時計を製造している。男性向け、女性向け、子供向け、スポーツ用から高級腕時計の模倣品まである。そして、商品をウォールマート、Kマート、ターゲット、ゴールド・サークル、ウォールグリーンといったディスカウントストアやドラッグストアのチェーン店に卸している。

そこに小さな売店の商売のことだったら熟知しているという男がやってくる。そして、ショッピングセンター内で移動カートやキヨスクのような売店を出すために会社を作り、その商品の1つに腕時計を加えたいので、1年単位の独占販売権が欲しいと言う。1年目は10万個の時計を仕入れ、2年目以降の5年間については、毎年最低20万個の時計を仕入れた場合に限り、契約を更新できるという条件だ。

男は、信用取引を要求するわけでもなく、他に特別なことをしてくれという要求も出さない。支払いは現金払い。メーカーは、数種類の時計を500個単位で詰め合わせて全国の売店に発送する。追加注文は50個以上だ。あなたがメーカーだったら、この男の要求を拒むことができるだろうか。おそらくできないだろう。

もしうまくいけば、5年間で少なくとも90万個の時計が売れることになる。これは今まであり得なかったことだ。たとえうまくいかなくても、1年目に10万個は売れる。これでも今まであり得なかったことだ。しかも、みずから販売する必要がない。男にとっては価値の高い独占販売権も、メーカーにとってはタダであげてもいいものだ。独占権を与えると、その見返りに新しい販売網が手に入る。つまり、得るものはあっても失うものは何もないのだ。

無数にあるメーカーからこのように独占販売権を獲得しているマーケターは大勢いる。こうしたやり方は、E・ジョー・コスマンの名前をとって「コスマン手法」と呼ばれる。

ジョー・コスマンは、通販ビジネスの先駆者であり、通販以外で販売されている商品の通販独占販売権を獲得して、直販や広告販売する専門家だ。私は、ジョーのテレビショッピングに関する有名な通信講座の最新版の制作を手伝った。

ジョーの「12の成功事例」の1つ、殺虫剤『フライケーキ（蝿取りケーキ）』の話をしよう。彼は面白い商材を見つけるためにいつも新聞広告を読む。ある日、こんな広告を見つけた。

蝿退治にフライケーキ！　1ドルですぐ発送!!

彼は1ドルを送金して商品を手に入れた。それは、ドーナッツ型をした化学薬品の塊で、蝿が接触すると死んでしまう仕組みになっていた。

ジョーは商品の考案者に連絡を取った。第2次世界大戦中、軍隊にいた考案者は、南太平洋向けに即効性のある殺虫剤を見つけるよう指示されたそうだ。当時使われていたスプレー式の殺虫剤は、効果がないうえに高額だった。そこで、効力が1年間持続するフライケーキを思いついた。戦後、彼は小さな製造工場を建て、20年間、新聞と雑誌の広告だけでフライケーキを売っていた。その間売れたフライケーキは約30万個だ。ジョーは考案者に言った。

「私に独占販売権をくれたら1年で100万個は売れます。もちろん、売れた分だけキャッシュバックします。あなたは一切お金を払う必要がありません」

こうして、ジョーは新聞広告以外のすべての販売手段での独占販売権を手にした。彼は興奮してこう言っていた。

「契約した瞬間、僕は、商品を発明して工場を所有したようなものさ」

ジョーは様々な方法でフライケーキを販売した。3年間で実に800万個以上も売れた。その後、会社と独占販売権を売却したが、フライケーキだけでジョーはミリオネアになれたのだ。

「自分の会社が小さい」とか、他の勝手な思い込みで「望みの商品の独占販売権を手にできない」「製造会社が自分と組むはずがない」などと考えてはいけない。製造という過程以外に、乗り越えなければならない困難な問題が想像以上にたくさんあるのだ。

相手が商品に対してどのように反応するかを見極めたいなら、相手にとって可能な限りよい提案をすることだ。

成功のポイント❽

求めないと得られない

独自のプライベートブランド製品を手に入れる（商品の所有権を得る方法④）

プライベートブランド（以下、ＰＢ）（※）産業は、もっとも興味深く魅力的な分野だ。かつて私は、数年間、ある小さなネットワーク・マーケティング企業に出資していたことがある。その企業はピーク時には、１００アイテム近くの物をＰＢ商品として販売していた。

どこから見てもブランド商品なのだが、実はそれらは、ＰＢ商品製造業者が複数の企業向けに作った既製品（つまりラベルだけを変えている）だった。我々のネットワーク・マーケティング企業は、ただそれらの商品を、独自の商品名やラベルを付けて販売していた。他社との違いはそれだけである。

〔監訳者補足〕

（※）**プライベートブランド**

「ＰＢ。自主企画商品。スーパー、百貨店、問屋などの流通業者が自分で企画し、自分で生産するか、仕様書発注にもとづいてメーカーに生産させ、自店のブランドをつけた商品。西友の無印良品のようなノーブランド商品を含めることもある。ストア・ブランド（ＳＢ）ともいう。これに対し、大手メーカーのブランドはナショナル・ブランド（NB）という。（ヤフー百科事典より）」

PB商品のおもなメリットは、競合他社商品と差別化が図れること、価格を比較的自由に設定できること、大量発注などで販売価格を安くできること、などである。


ここで、雑草駆除スプレーを例にとろう。雑草を根元から駆除できるスプレーを製造している企業があった。そのスプレーを歩道の割れ目の雑草に吹きかけておくと、10分後には雑草が茶色に変色する。あとは吹き飛ばすだけで駆除できるというものだ。

この企業は、何万個という商品を製造しており、商品ラベル（パッケージ）は、レストランやホテルを顧客とする化学薬品会社向けと、全国にチェーン展開しているホームセンター の店頭向けの2種類があった。

我々のネットワーク・マーケティング企業のカタログにこの商品を加えた当初は、同社のやり方に学んで、まだラベルが貼られていない無地の缶を少量単位で購入し、そこに我々独自のラベルを貼り付けた。そして、この企業からの納入量が10倍に増えたときに、独自のラベルを印刷してくれる業者と契約した。さらに、独自の商標名『Kills Weed Dead』と、商品ラベル、会社名を作った。

同じメーカーから風船ガムの香りがする殺虫剤や、革製品クリーナー、水分不要の自動車ワックスも仕入れた。さらに我々は別のメーカーとも、メイクアップ商品や基礎化粧品、ビタミン、ハーブ、ダイエットドリンク、超小型防犯スプレー（これは、現在店舗で売られているメース社の競合商品になる）の販売契約を結んだ。

この事業で、私はＰＢビジネスについて熟知することができた。ごく少量の取引でも、他社が製造、販売しているあらゆる商品をＰＢ商品として販売可能なことがわかった。

どんな業界にもＰＢ商品製造業者は存在し、業界誌や展示会で積極的に宣伝しているため、見つけるのも簡単だ。標準仕様の製品を少量仕入れることから始める場合、価格交渉の余地はほとんどないだろうが、落とし穴のようなものもない。それどころか、仕入業者を保護するために、製造物責任保険（ＰＬ保険）を用意してくれるメーカーもある。仕入量が増えれば、価格や支払い条件の交渉に応じてくれるようになり、ＰＬ保険の費用も負担してくれるようになる。

結論を言えば、ＰＢ商品製造会社と取引することは容易であり、楽しく、収益性もある。優れたマーケティングやプロモーションの方法、流通手段、実店舗、チェーン店を持っている人、カタログを扱っている人、商品の宣伝を手伝ってくれる有名人を知っている人、このような人ならＰＢ商品製造会社と取引すれば、独自の商品や商品ラインナップを持つことができるだろう。それも、開発費用なしで、ゼロから商品を作る必要もなく、大量に仕入れる必要もないのだ。

◪商品や仕入先、ビジネスアイデアを見つけるには？

商品やビジネスアイデアは本当にどこででも見つけられる。あなたの身近なところでだ。

しかし、役立つ特定の情報源もあるので紹介しよう。

①業界誌、②事業者団体、③コンベンション・展示会・トレードショー・消費者向け展示会、④地方の名産・特産物展、⑤カタログ、⑥消費者向け雑誌、⑦新規開業者向け雑誌、⑧政府刊行物、⑨名簿、⑩広告欄、⑪古い広告、⑫輸入品・輸出品、⑬最新のイベント、⑭トレンド

◪商品を募集する

通販業者へ商品を仲介している友人が、地方新聞に次のような広告を出した。

> 住宅所有の方、日曜大工や園芸を趣味とする人向けのユニークな商品を提供できる発明家、メーカー、輸入業者の方、内密にご連絡ください。

この小さな広告を日曜版のビジネスコーナーに一度だけ出したところ、なんと280件の応募があった。同様の広告をいくつかの雑誌や新聞に出せば、きっとたくさんの応募があるだろう。

◪市場、商品、サービスの選び方

最も効率的なやり方は、市場と商品を最初に決めることだ。これで労力と資金をそこに集中させることができる。

商品を選定するには、自分の受けた教育や経験した職業、興味の対象、得意とするテーマや活動、市場規模、潜在顧客の反応、異なるマーケットへのアクセス可能レベル、社会や経済のトレンドを検討する。こういった複数の基準を組み合わせて考える必要がある。普及しやすい商品、サービスや商売には、次の3つのうち、少なくとも1つの要素がある。

①人々の普遍的な欲求を満たし、悩みを解決するもの。エアコンは典型的な例だ。発明・販売された当初は、贅沢品だったエアコンも今や生活必需品になった。電子レンジも発売当初は、飲食業向けに限定された商品だと思われていた。しかし、社会

の変化に伴い、時間を節約できる商品の価値が増した。夕食を手早く作れる電子レンジは、誰もが欲しい家電になった。
②ルーティーンワークや、誰もが避けられない仕事の負担を軽減するもの。キッチンツールは、まさにこれにあたる。ボールペンや計算機、ファクスなども同様だ。自宅用フィットネスマシーンは、フィットネスクラブに通う面倒をなくし、出費を軽減してくれる。ワンタッチで密封できるサンドイッチ用のビニール袋もこのカテゴリーに入る。
③理屈や基本的ニーズを超えて、感情に強烈に訴えかけるもの、衝動的に買いたくなるもの。自己顕示欲を満たす商品、高級レストランやメイクアップ化粧品など。

◪自分の思いや経験と「関連する」市場があなたをお金持ちにする

セミナー参加者にこんなことを言う人がいた。

「テレビのインフォマーシャルで宣伝されている釣りのルアーがすごく売れているらしい。私も釣り関連の新商品を見つけて、同じように売りたいのだが……」

聞いてみると、本人は釣りをしないらしい。釣りの経験もなければ、釣りをやっている友人もいない。なんと、有名な釣り雑誌『Field and Stream』も知らなかった。**自分が何**

も知らない分野でビジネスをするなど、激流に飛び込み、流れに逆らって泳ぐようなものだ。高い確率で溺れるだろう。

テレマーケティング・ビジネスで私が最も尊敬するスティーブ・ピッテンドライは、「関連（link）」ということを重視している。

たとえば、ゴルフ用品を過去に購入した顧客に営業の電話をする場合、休日にゴルフをするスタッフを使う。チャリティーの寄付を募る場合は、チャリティーの趣旨に賛同するスタッフを配置する。理由は簡単だ。ゴルフ好きの人は、ゴルフ好きの友人がいるだろうし、共有できる楽しみのある相手なら、セールストークマニュアルなどなくても、それ以上の効果が上がるからだ。

まず、自分に向いている〝市場〟を決めてから、〝売れる商品〟を探すのが賢いやり方だ。

成功のポイント❾

ビジネス活動では、自分の資産「思い」と「経験」を重視する

第4章 視点を少しずらすだけで、商品が爆発的に売れる

電子レンジをはじめ、クリネックス（ティッシュ）、セブンアップ（清涼飲料水）、デキシーカップ（アイスクリームや飲み物などの紙コップ）、タイメックスウォッチ（時計のブランド）など、数ある商品が世の中に出るまでの秘話がある。

これらは発売当初、どれも売れない商品だった。多くの有名な商品が、最初はまったく売れなかったという話が、マイケル・ガーシュマンの著書『Getting It Right the Second Time Around（2回戦で成功させよう）』で紹介されている。この本には、失敗に学び、目の付け所を変えて成功に至った例が書かれている。商品、サービスやビジネスをうまく改善していく賢明な起業家には、幸運もついてくるようだ。

◪想像力がある限り、見直すポイントはたくさんある

家、物置、冷蔵庫、車庫、オフィスには、視点や切り口を何度も変えた末に生み出され

たであろう商品が溢れている。

●クリネックスの販売開始後6年間、キンバリークラーク社は同商品を、上質のメイク拭き取り商品として売ることしか考えていなかった。しかし、調査の結果、購入者の多くはこの商品を、メイクを拭き取るためではなく、鼻をかむために使っていることが判明した。その後、宣伝文句を変えると、クリネックスは爆発的に売れた。

●セブンアップははじめ、幼児の胃もたれを抑えるためのドリンクだったが、セブンアップとして、2日酔い覚ましとして売られるようになった。その後、「セブンアップはコーラとは違う」という広告コピーでヒットするようになるまで、売上を伸ばすのに四苦八苦していた。

●デキシーカップは、もともと大型の冷水器に備え付けられた紙コップだった。これが売り物になるとは誰も考えてなかった。

●タイメックスウォッチは、当初、腕時計の通常の販売ルート（宝石店など）でまったく売れず、ドラッグストアの棚に並べられることになった。これが成功のきっかけとなった。

思い入れのある商品がずっと売れない状況が続いているなら、まずは自分の態度を見直してみることだ。そして、商品が受け入れられない理由を物わかりの悪い消費者のせいにするのをすぐにやめることだ。そうすれば、何を変えれば消費者に受け入れられるようになるかがわかるだろう。

新しい商品やサービスが売れないと、あっさりあきらめてしまう人々には共通点がある。売れない原因を、的を外した自分にあるとは思わず、消費者の理解力のなさに帰すことだ。「この商品はすべての人にとって価値のあるものなのに、なぜわかってくれないのだ？」

こんな考えに囚われてイライラしているクライアントや相談者の声を何度となく聞いた。商品と自分をひたすら褒めたたえ、それがわからない消費者を厳しく批判するのだ。

正直に言うと、私も同じような不満を持ったことがある。しかし、落胆やイライラやエゴを脇に置いて、新たな視点を持ち、改革の方法を見つけ出せば、負け組から勝ち組になることができるのだ。

◪サイマスターは一夜にして成功したのか？

ここで、誰もが知っているエクササイズマシーン『サイマスター（ThighMaster、thigh＝もも、大腿部の意味）』の例を挙げよう。サイマスターは、なかなか外出できない女性が太ももを引き締める運動をするための道具だ。ループ状に曲げられたバネ仕掛けの2本のスチールをヒンジ（ちょうつがい）でつなげたもので、両膝に挟んで使用する。

ブッシュ大統領（当時）は、自分のサイマスターを大統領報道官であるマービン・フィッツウォーターに壊されたことをジョークにした。コメディアンのジェイ・レノもそれをネタにしていた。人気トークショー番組『フィル・ドナヒュー・ショー』の司会者フィル・ドナフューは、この商品を頭に付けて舞台に登場して笑いを取った。

このようにサイマスターはあらゆるところに登場する。テレビや印刷媒体で宣伝もされている。

商品パッケージには、45歳だが20歳代に見える美しい脚を持ち、テレビドラマ『スリー・カンパニー』に出演していたブロンドの女優スザンヌ・ソマーズの写真が使用され、その驚くべき効果を実証する生きた証となっている。

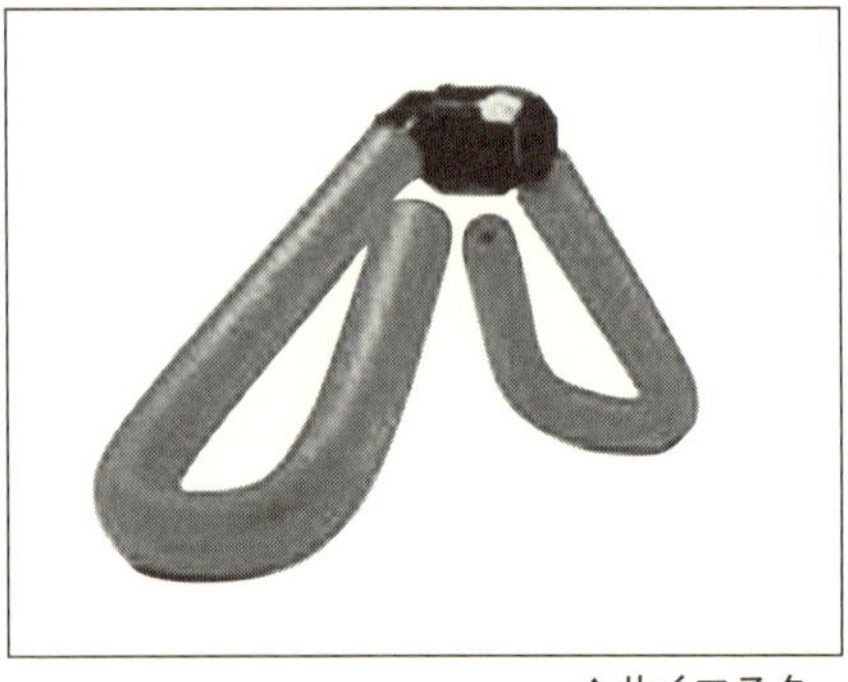

▲サイマスター

すでに何百万個が売れているこの商品も、発売当初はまったく売れなかった。サイマスターがヒットしたきっかけとなったＴＶコマーシャルを制作したマイケル・クラークが、その裏話を聞かせてくれた。

サイマスターはもともと医療関係者によって開発された商品で、スウェーデンからの輸入品だったそうだ。さえない専門的な響きのする商品名がついていて、開発者が自ら作ったＴＶコマーシャルは不出来なものだった。しかし、売れないサイマスターに次の３つの変更を加えると、爆発的ヒット商品になった。

①商品の外見

サイマスターのオリジナルバージョンは、はっきり言ってダサかった。中央のバネが剥き出しになっていて、ボンネットを開けた状態の、エンジンが丸見えの車のようだった。隠された仕掛けがあるようでもなく、バネに引っ掛けられた単なる輪っかのようにしか見えなかった。

商品を見直した結果、輪っか部分には明るい青色のカバーを巻き、さらに重要なポイントとして、バネの部分は真っ赤なプラスチック製のボールの中に隠した（この部分は〝秘密のテンションコイル〟と呼ばれる）。全体的な外見は、宇宙時代の商品のようになった。

②ポジショニング

オリジナルバージョンは、多目的のエクササイズ器具として設計され、販売された。そして、TVコマーシャルは、レオタードを着た女性がジムで、サイマスターを使ってエクササイズをしている姿を撮影したものだった。

これに対するマイケル・クラークの意見は、「ソファに座ってコマーシャルを見ている人は、サイマスターをやろうと張り切ってソファから立ち上がるようなことはしないだろう」というものだった。

そこでマイケルは、人気女優のスザンヌ・ソマーズがイスに座ってテレビを見ながら、あるいはプールの脇で寝そべりながら、ゆったりとしたソファに座りながら、電話をかけながら、サイマスターを使っているという設定にした。

さらに、キャッチフレーズを〝エクササイズって感じがしない！〟として、ポイントがぶれないように「ももを引き締める」という用途のみに絞ってアピールした。また、商品名をキャッチフレーズにピッタリ合うよう『サイマスター（ももマスター）』に変えた。

③有名人を使う

マイケル・クラークは、サイマスターを実際に使って効果を実感している有名人を探した。宣伝プロジェクトの一員となり、コマーシャル出演、パッケージ写真、店頭での宣伝、インタビューなど、あらゆる媒体で宣伝活動を行ってくれる人物が望ましかった。

彼はスザンヌ・ソマーズと契約した。スザンヌ・ソマーズはサイマスターをバックに入れて持ち歩き、1日に2度も3度も使っていた。そして、旅先でも携帯しているという話をたくさんの人にし、この商品を勧めていた。

宣伝プロジェクトの一員となった彼女は、トーク番組に出演の際、観客全員にサイマスターを配った。そして収録中、座りながらサイマスターをする観客がテレビに映し出された。

「間違いなくスザンヌ・ソマーズがこの商品を爆発的にヒットさせたといえる。しかし、たとえ彼女でも、改良前のサイマスターをヒットさせることはできなかっただろう」とマイケルは言う。

現在、約25世帯に1軒の割合でサイマスターがある。そして、通販でも店舗でもさらに売れ続けている。これも、うまく改善できたおかげだ。

こうした話を聞けば、誰もが自分の商品を売り込むのに有名人を使いたくなるだろう。有名人紹介業者を使えば全国に散らばる有名人と契約できるし、みずから直接、有名人やその事務所に連絡を取ってもいい。地方限定で商売をしているならば、地元で有名なスポーツ選手や、テレビやラジオのパーソナリティと契約したほうが、全国レベルの有名人と契約するよりも低コストで効果を期待できる。連絡も直接本人と取りやすいはずだ。

有名人を広告に使うコストはピンキリだ。商品内容によっても違うが、どんな媒体（印刷物、ダイレクトメール、全国放送、ローカル番組など）に出演してもらうかによっても違う。また、本人が実際に商品を愛用している場合と、そうでない場合とでも違ってくる。

他にもコストに影響する要因は考えられるが、実際のコストは想像するほど高くない。全国区の人気有名人と契約しても、年間1万ドルから2万5000ドルほど。加えて、商品によってロイヤルティを支払うという契約が一般的だ。

成功のポイント⑩ あきらめない限り失敗はない

◪キットキャットクロックの成功

友人のウッディ・ヤングは、私の知っている起業家の中でも、とくにユニークな人物だ。彼は、成功している育種会社のオーナーで、子供向けの本も書いている。そこに至るまでに、偶然、『キットキャットクロック（Kit-Kat Clock）』で有名なカリフォルニアの会社を知り、その会社を購入した。

50年代から60年代初頭、米国の多くの家庭の台所や応接間の壁に子猫の時計が掛けられていた。耳からシッポの先までが15インチの大きさの黒と白の振り子時計だ。大きく膨らんだ目、満面の笑顔に蝶ネクタイ、お腹の部分が時計になっていて、長いシッポがついている。目とシッポが一緒に動き、チック、タック、チック、タックと音が鳴る古典的な時計だ。

ウッディには、それがただの時計だとは思えなかった。

「本当にユニークだと思った。50年も製造販売され続けるような商品はめったにないからね。特別なものを感じたんだ。とても不機嫌な笑顔なんだけれど、それは意地の悪い批判的な人でさえ『自分の趣味に合わない』と言う程度のものだ」

ウッディ・ヤングは、その会社を買収して、信じられないやり方で事業を多角化した。

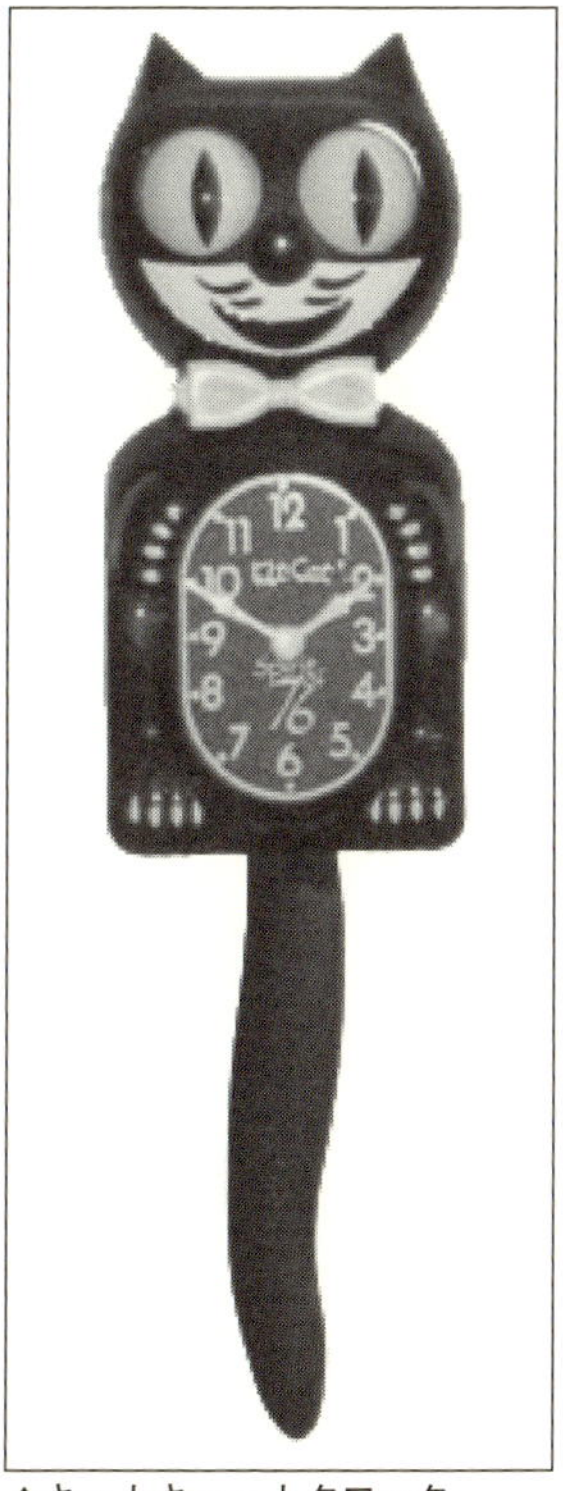

▲キットキャットクロック

まず初めに、キットキャット・ファン・クラブを作った。キットキャットのモットーを作り、時計のパッケージにチラシを入れてファンクラブ会員を募った。

「みんなが笑顔になるように、愛を与え、元気にしてあげる。みんなの人生のポジティブな力になる」

毎月ニュースレターを発行し、パズルやゲームで人々の生活にキットキャットのキャラクターとモットーが浸透していき、会員は何万人にもなった。キットキャットのポスター、Tシャツ、バンパーステッカー、マグカップ、クッキーポット、エプロン、腕時計なども作った。

ディズニーがミッキーマウスの商標使用権を持っているように、ウッディはキットキャットの商標使用権を持っているのだ。フロリダのデイトナ・ビーチにある、有名なロン・ジョン・サーフ・ショップには、サーファー向けの衣類からサーフボードまで、キットキャットがプリントされた商品が並んでいる。

次にウッディは、キットキャットを実用書の指南役にした。自己啓発書の『時計じかけの生きる言葉（Clockwise Quotes on Life）』、子育てをしている人向けの『子育てのコツ（Babysitting Wise）』、子供に時間の読み方を教える『クロックワイズ（Clockwise）』、愛国歌を教える『ソングワイズ（Song Wise）』などである。

現在でも、見本市などがあれば、ウッディはみずからキットキャット風のタキシードと蝶ネクタイを身に着け、キットキャットのような笑顔で、人々を笑顔にしてくれるこの商品の宣伝をする。通販カタログを通じて商品の販売もしている。

キットキャットの潜在的価値に直感的に気付き、事業全体を見直したことで、会社の価値は買収時の20倍近くになった。

◪トップに立つと展望が開ける

広告界のカリスマで、『ポジショニング戦略』（海と月社）の著者である、アル・ライズとジャック・トラウトが唱える成功法則の1つに、「ある分野でトップに立てないなら、トップになれる新しい分野を立ち上げろ」というのがある。

1980年代前半、多くのコンサルティング企業がカイロプラクターをターゲットに、長期契約の高額なサービスを売り込むための無料入門用セミナーを行っていた。私は、その種の企業向けに講演したこともあり、調査したところ、カイロプラクターはコンサルティング企業のマーケティング支援を明らかに必要としていた。

しかし、2万～5万ドルというコンサルティング費用を払うことができず、また払う気もなく、セミナーには参加するものの、最終的には何の契約もせずに不満を残したまま帰る人が多かった。私はそのサービスの内容を体系化して、本、マニュアル、視聴覚教材、自習教材を作り、パッケージで1千ドル以下という低価格の商品にした。つまり1つの新たなビジネスが生まれたわけだ。

しかし、これを月並みなビジネスでなく、最初からトップに立てるビジネスにしたかった。しばらく考えて、当時のパートナーと私は次のように会社を分析した。

①本などの教材でアドバイスを行っているので、我が社は出版社である。
②導入セミナーを開催するので、我々はセミナー会社である。
③一般的な開業医向けのマーケティング戦略を教えているので、専門分野に関係なく受講してもらえる。テストと実験の結果、カイロプラクターと歯科医を同じセミナーに参加させるとうまくいくことがわかった。他社では見られないセミナーである。

この3つの要素を組み合わせると、またたく間に「カイロプラクターと歯科医向けの総合セミナー会社兼出版社」の最大手となった。同じことをしている会社は他にないので、新しい分野を開拓したことになる。

ちなみに、この会社のメンバーに、医師は1人もいなかった。成功法則を医療業界にわかりやすく伝えるマーケターやビジネスマン、つまり、まったくの部外者ばかりだった。会社はわずか数年で急成長し、潜在顧客が6万人未満というかなりのニッチ市場にも関わらず数百万ドルを稼いだ。歯科医よりも反応の高いカイロプラクティックの市場に限れば、30%のシェアを取ることができた。

新しい分野を作ったことで、初めから最大手の優良会社だと宣伝することができ、信頼できる専門家として専門医に受け入れられたと確信している。

ドミノピザがトップに立てた理由

ドミノピザの成功話は何度となく耳にしただろうが、創業者のトム・モナハンの事例は、ここで述べる価値があるだろう。

私は、雑誌の取材でトム・モナハンにインタビューした。ドミノピザを開店する当初からトムは、他のピザ店との違いを顧客に印象付けることが非常に重要であると認識していたそうだ。「このビジネスで、他社がうまくできないでいることは何かを探したんだ」とトムは言った。それがデリバリー（宅配）だった。

もし、やり方を変えようと思っているなら、〝デリバリー限定〟という、ピザ業界でまったく新しい分野を開拓したこのドミノピザの例は参考になるはずだ。ドミノピザは新しい分野でたいへんな成功を収め、ピザ業界ですでに名の知れていたピザハットが新参者としてデリバリー分野に参入する前には、ドミノピザを熱心に買収しようとしていた。ほんの1つか2つ変更すれば、成功に至ることがざらにある。わずか1つ、ちょっと手を加えるだけで苦労が報われるのに、それをしないであきらめてしまう人は多い。

しかし、辛抱強さと馬鹿げた頑固さは違う。通販業界では、マーケティングテストの結果、広告投資1ドルあたり、60セントの利益がなければ撤退だ。61セント以上であれば、調整して採算が合うようにできる。どんな業界であれ、視点や切り口を変え続けるか、撤退するかを見極める必要がある。

もしエジソンが電球の発明を簡単にあきらめていたら、私は本書を、キャンドルの明かりの下で書くことになっていただろう。

成功のポイント⓫

ちょっとした変更を行う

市場や顧客、販売担当者を「商品の素晴らしさや必要性がわかっていない」と非難しているようでは成功しない。他人を非難すれば自分への慰めになるかもしれないが、それは子供じみた自滅行為だ。サイマスターの発明者や支援者が市場を非難して撤退していたら、サイマスターは何千個とあるフィットネス器具の失敗作の1つになっていただろう。

彼らは、商品が売れない原因を顧客や市場に求めず、人々に受け入れられるように商品の見せ方を模索し続けたのだ。

成功のポイント⓬ すべて自分の責任だと思え

1つの商品を成功させるにはお金も時間も手間もかかる。だから、ひとたび商品が売れたら、考えられるあらゆる方法で、迅速に、大規模で総合的な行動を起こし、その成功をフル活用すべきだ。

ガシーレンカー社（第8章参照）は、歯のホワイトニングシステム『パーフェクト・スマイル』がテレビでヒットするやいなや、『パーフェクト歯ブラシ』『マウス・ウォッシュ』『パーフェクト・タン（日焼け止め）』『パーフェクト・スキン（化粧品）』など、パーフェクトという名前を付けて次々と商品を発売し、成功の基盤を築いた。

成功のポイント⑬

成功は成功を生む

シェアや品質において、業界のリーダー的な存在と認められることには、大きな価値がある。地道にやれば可能なことだ。ゼロから地道に試行錯誤を繰り返し、何年もかけて信用を築きながら、ゆっくりと1つひとつ階段を上っていくのだ。

また、『Winning Through Intimidation（脅して勝利する）』の著者ロバート・リンガーが言うように、一足飛びにトップに立つこともできる。

それには、**自分のビジネスや業界すべてを作り変えるか、まったく新しい分野を作り出せばいいのだ。**

成功のポイント⑭

トップになれる分野を見つけて、そこでトップポジションを獲得する

有名ブランドに勝つには？

食品業界においては2つのシェアの獲得戦争がある。1つはスーパーマーケットの棚のスペース、もう1つは気まぐれな消費者だ。

ディビッド・ニコルがカナダのスーパーマーケットチェーン、ロブロウズに雇われたとき、ロブロウズの業績は悪化していた。業績を上げるために彼は極端なアイデアを出した。

まず、ぱっとしなかったプライベートブランド（PB）食品の品質を高め、他社のスーパーマーケットチェーンに、そのチェーンのオリジナルブランドのカタチで販売することを提案した。つまり、他社のスーパーマーケットの棚スペースの獲得に乗り出し、そこで自社の〝PB商品〟が有名ブランド食品と同じ棚で販売されることを狙ったのだ。さらに米国にも輸出しようと考えた。

この戦略には3つの改善ポイントがあった。

ロブロウズのPB食品の多くは、有名ブランド食品と比べて品質が劣っていると思われていて、経済的な余裕のない消費者だけが仕方なく購入していたことがわかった。

ニコルは、まず、これを改善できると思った。PB商品の品質は、大幅に向上させることが可能であり、なおかつ有名ブランド商品よりも低価格で売ることができる。なぜなら〝ブランド税〟、つまり、有名ブランド商品の価格に含まれている高額の宣伝費が必要ないからだ。

次に、スーパーマーケットのブランド商品のほとんどは地味な茶色のパッケージであることに気付いた。とてもダサくて安っぽく見える。ニコルはしゃれたパッケージも大量にオーダーすれば、地味なものと変わらないコストでできると判断した。ある有名ブランドのパッケージには〝古代の穀物（Ancient Grains）〟と印刷されているが、ニコルはパッケージにメッセージを込め、〝社長のお勧め！（President's Choice）〟と印刷し、その上部には〝信じられないほどおいしい！〟という文字を入れた。

また、新聞の折込広告用にこんなことも考えた。鍋の中に象が立っている絵がある。そして〝この象を一口サイズに切ってください。2ヵ月はかかるでしょう〟とコピーが添えられている。これは〝社長のお勧め！〟の深皿焼きのミートパイの広告だ。

最後に、ロブロウズの店舗をテスト販売の現場にした。商品の売れ筋や効率のよい販売方法が証明されれば、米国へ輸出する際、ただ商品を送るだけでなく、効果が実証済みの販売法も一緒に提案できるだろう。これはフランチャイズシステムのようなものだ。

このようにして彼は、ＰＢ食品事業をまったく新しいものに作り変え、北米の小売業者に提供できる大きな価値を創造したといえる。

ニコルのアイデアが90億ドルの利益を生んだ！

こうした努力の結果は驚くべきものだった。〝社長のお勧め！〟食品は、西海岸のラッキーストア、中西部のジュエル、ニューヨークのデアゴスチーノのようなチェーン店をはじめ、全米、１千２００の店舗で取り扱われるようになった。ニューヨークタイムズ紙によると、１９９３年、北米のスーパーマーケットの売上は37％上昇したが、同年の〝社長のお勧め！〟の売上は１２７％も上昇していた。ニコルの入社時、ロブロウズのＰＢ食品の売上は、５億ドルだった。それが3年後、なんと90億ドルを超えたのだ。

〝社長のお勧め！〟の中でも、『デカダント・チョコレート・チップ・クッキー』のような商品は、有名ブランドの『チップス・アホイ』よりも多く売れている。ロブロウズは、ウォールマート向けにもＰＢ商品を提供している。

ディビッド・ニコルの成功で、ライバル社も目覚めたようだ。スーパーチェーン大手のセーフウェイやA&Pは、ＰＢのラインナップを見直し、セーフウエイ・セレクト、A&Pマスターズ・チョイスという新しいブランドにした。ニコルは近い将来、スーパーマーケット業界の食品の売上の40％を、小売業者が作り・管理するブランドが占めるようになるだろうと言う。

現在、ニコルは自分が始めた仕事に飽きてしまい、ロブロウズを退職し、コンサルティング・ビジネスを行っている。また自身の小さなワイナリーをもとに、ワインの流通ビジネスを新たに始めるとも言っていた。彼の考えた戦略は、どんなビジネスにおいても一考に値するものだ。

小さなビジネスで大きく儲ける手段を模索している人には、ニコルの話は参考になるだろう。たとえば、レストランかヘアサロン、またはカーペットクリーニングのチェーン店を経営しているなら、店のオリジナル商品を開発し、効率のよい売り方をシステム化する。それを同業他社の店舗に広げれば、すぐさま自社商品のための全国規模の販売流通組織ができあがる。このようにしてニコルは過小評価されていた商品を、まったく新しい複製のコンセプト（擬似的なフランチャイズシステム）で売れるようにしたのだ。

彼はこのコンセプトを使い、必要最低限の広告予算で、低価格で高品質な商品を届けたといえる。他人が作り上げた流通ネットワークや店舗、来店者の流れや広告を利用するため、ニコルは商品やパッケージの改良にひたすら専念することができた。また、ロブロウズ社の中で何年間も無視され過小評価されてきた商品に資産価値を見出し、チャンスにつなげたことは注目に値する。私はこれを、すでに確立したビジネスに存在する〝隠れたチャンス〟と呼んでいるが、こういったチャンスはいたるところにあるものだ。

彼は、ＰＢ商品を基盤にした戦略を立てる際、「とにかく安ければいい」という顧客向けの商品開発をしなかった。業界の常識、規範や伝統を無視したわけだ。〝社長のお勧め！〟の話から学べることは多い。

成功のポイント⑮
隠れた資産やチャンスを発見する

ダン・ケネディのアイデア・チェックリスト

商品開発や改良の際に参照にしてほしいチェックリストを紹介しよう。

チェック❶ 対抗商品を考える

バーガーキングの『ワッパー（WOPPER）』は巨大なハンバーガーだ。一方、ホワイト・キャッスル（White Castle）のハンバーガーは小さく、6個入り、12個入りで販売されている。このように大きくしたり、小さくしたりすることで成功する可能性のあるものはないだろうか。現在、当たり前のように使われている間接照明は、昔からあった直接照明に対抗する商品として生み出された。セブンアップは当初人気がなかったが、コーラの対抗商品として売り出すことでヒット商品となった。

チェック❷　特大サイズと最小サイズ

フットロング・ホットドック（2倍の長さのホットドック）、ミニバン、大画面サイズのテレビ、ポケットサイズのテレビをヒントにしてみよう。

チェック❸　応用する

他のビジネスでうまくいっていることを、自分のビジネスに応用できないか考えてみよう。ドライブスルー窓口は、銀行が始めたものだが、今ではファーストフード店、プリントショップ、ドライクリーニング店、酒屋などでも見られる。ラスベガスのインペリアル・パレス・ホテル＆カジノには、野球、フットボール、バスケットボール、競馬などで賭けをする人が、駐車しなくても掛け金を預けられるようドライブスルー窓口がある。

チェック❹　誇張する

数年前、フォルクス・ワーゲン社は、バスケットボール選手のウィルト・チェンバレンが車内にゆったりと座っているTVコマーシャルを制作した。普段からウィルトが小型自動車に乗っていると思う人はいないだろうが、彼が座れるくらい十分な広さがあるというメッセージは伝わった。自動車のコマーシャルには、同じような手法がよく使われる。

『ナンシー・クワンズ・パール・クリーム』はすでに何百万個も売れている商品だ。私の友人でクライアントのフランク・ロビンソンが作ったTVコマーシャルの文句はこうだ。「もし、お友達から〝フェイスリフト（しわ除去手術）したの？〟と聞かれなかったら、未使用のクリームは返品してください。全額返金致します」

これは満足保証にほかならない。そして、これだけ誇張されるとインパクトが増す。パール・クリームを使って、「フェイスリフトしたの？」と言われることなどあり得ないと誰もがわかっているが、それほどの効果があると言うなら、笑いじわくらいは取れるだろうと思うのだ。

チェック⑤　削る、足す

低カロリー食品や無脂肪食品は、元の食品から何かを引くというコンセプトで作られた商品だ。かつてドーナッツといえば、ケーキタイプと砂糖を絡めてつやを出したグレイズドタイプの2種類しかなく、どちらも真ん中に穴があいていた。穴をなくして、中にクリームなどの詰め物を入れるドーナッツができて、ドーナッツ業界は大きく変わった。ぜひ、ダンキンドーナッツに行って、穴のないドーナッツのタイプがいかに多いか見てほしい。クリーム、ゼリー、レモン・メレンゲ、メイプル・シロップ、チョコレートなどたくさんある。これは〝足す〟というコンセプトである。

チェック⑥ 組み合わせてみる

ローンドロマット・タバーン（コインランドリーとバーが一緒になっている店）は、最近見られるようになった風変わりな〝組み合わせ〟ビジネスの1つだ。ここは独身者がコイン・ラインドリーで洗濯している間に、ビールを飲みながら、テレビでスポーツ観戦をしたり、友人を作ったりすることができるお店である。

もっとわかりやすい例としては、スーパーマーケットとガソリンスタンドが一緒になったコンビニエンスストアがある。ラジオ付きの時計も〝組み合わせ商品〟だ。人気テレビドラマの『マイアミ・バイス』は、刑事ドラマとミュージックビデオを組み合わせたものだった。

チェック⑦ 位置関係を変えてみる

誰が考え出したかは不明だが、イタリア料理のカルゾーネ（calzone）は、ピザの具を生地にのせずに中に入れたものだ。円形劇場は、観衆とステージの位置関係を変えるというアイデアでよく知られている。

チェック⑧ 用途を広げる、特別の用途に絞る

今や大企業となったアムウェイ・コーポレーションはたった1つの商品、『L.O.C.(Liquid Organic Concentrate)』と呼ばれる濃縮洗剤からスタートした。家の中に散らかっている数多くの洗剤を、この商品だけで代用できるという宣伝文句で売り出した。

また、ある家庭用クリーナー商品を扱っている会社には、考えうる用途ごとに異なる商品があった。油性クリーナー、水性クリーナー、カーペットクリーナー、ペット用クリーナー、インク用クリーナー等々。実際には、商品名とラベルが違うだけでほぼ中身が同じ商品が80%を占めていた。

チェック⑨ 時間枠を売りにしてみる

数年前、〝いつも体脂肪を燃やそう!〟というダイエット商品の広告が大成功した。最近では、スリムファースト社の〝1週間で確実に痩せさせてみせます〟というキャッチフレーズの広告が大ヒットした。トム・モナハンは、〝30分以内にお届けします〟で、飽和

状態だったピザ業界にドミノ帝国を築いた。〝週末の逃避行〟というコピーは、近くのホテルでの宿泊を勧めるものだ。

チェック⑩ パッケージを工夫する

店頭で販売される商品であれば、パッケージが重要なことは言うまでもない。『アニマル・クラッカーズ・ボックス』のパッケージは100年も変わらない素晴らしいものだ。檻の格子がついたサーカスの車に、サーカスに登場する動物の形をしたクッキーが詰められていて中が見えるようになっている。

また、ディスペンサー型のケースからキャンディーを取り出せる『ペズ・キャンディー』も人気商品だ。『デュラセル』乾電池は、電池残量計付きのパッケージを売りにしている。

チェック⑪ 悩みの種を解決する

汗や水に強く、長時間効果が持続するマスカラや口紅はベストセラー商品になっている。『ペットドア』は、戸締りの心配をすることなく、犬が自由に家を出たり入ったりできるドアだ。

チェック⑫ 新語を考える

広告の天才、デイヴィッド・オグリヴィは、炭酸飲料の『シュウェップス』、トニック・ウォーターの『シュヴェッパーベスセンス』という新語を作った。私も、顧客を追いかける従来のマーケティング手法に対して、顧客を引き寄せるという独特のマーケティング手法を〝マグネティック・マーケティング（磁力マーケティング）〟と命名して教えている。

チェック⑬ シンボルを作る

ピルズベリー・ダウ・ボーイ、ベティー・クローカー、ロナルド・マクドナルド、NBCピーコックといったずっと変わらないシンボルの作成を考えてみよう。

チェック⑭ テクノロジーを使う

テクノロジーの力を借りて、商品やサービスやビジネスを盛り立てることができないだろうか。私のハウツー教材の出版ビジネスでも、カセットテープとマニュアルがおもな商品だったが、ソフトウェア版の取り扱いが多くなってきた。『アントレプレナー・マガジン』は、ソフトウエアメディアになった開業マニュアルが同封されてくる。また、テイクアウトの注文をファクスで受け付けるレストランがある。

第5章 サービスを提供すれば、もっとお金持ちになれる

サービス業と聞くと、たいていの人は小さな商売を思い浮かべる。たとえば、1人で営業に回っているカーペットのクリーニング店や、芝刈り屋といった感じだ。**しかし、サービス業は、多くの大企業が参入し急成長している業界だ。**

◪失業した工場労働者が始めた画期的なサービス

若くして自動車工場をリストラされたテリー・ロエベルは、ひと儲けできるビジネスを探していた。そして、その時、思いついたアイデアが、広告業界をすっかり変えてしまうことになる。時間を持て余していた彼は、町をぶらぶらしては小売店の店主たちと世間話をして過ごしていた。店主たちは、新しい顧客を集めることの難しさと、そのための膨大な広告費について、繰り返し不満を口にしていた。

テリーは、それぞれの店が個別に郵送しているカタログやクーポンを1つの封筒にまと

めて送れば、みんなの広告費が下げられると考えた。そして何人かの店主にこの話を持ちかけ、母親から借りた500ドルで印刷代を捻出し、自宅のガレージで封筒詰めを行った。

テリーが始めたこのビジネスは、1993年に25周年を迎えた。運営会社のヴァル・パック社（Val-Pak）は25年間で、様々な広告クーポンが入った2億5千万通を超える封筒を、米国とカナダの5千万世帯以上に郵送した。最近では、ドライクリーニング業者、カーペットクリーニング業者、レストラン、小売店、カイロプラクター、歯科医、弁護士などの多くのローカル事業者はもとより、全国規模の広告主も、ヴァル・パック社を最高の広告手段であると位置づけている。250以上の販売業者と1千人以上のセールスマンを抱えるヴァル・パック社は、8万社以上の広告に導入され、60億近くのクーポンを消費者に届けている。

テリー・ロエベルが生み出したビジネスの中で、ヴァル・パック社は最も急速に成長している企業だ。テリーが500ドルでガレージから始めた、零細企業にシンプルで経費削減になるサービスを提供するというビジネスは、年商7千万ドルの企業に成長した。

ロリー・ファットの成功に学べ

バンクーバーの若き起業家ロリー・ファットは、フェイス・ポップコーンの著書『ポップコーン・レポート』のドミノピザとトレンドについての記述に感化され、新鮮な冷凍シーフードとおいしい夕食の宅配サービス『シンプル・サーモン（Simple Salmon）』を始めた。これは、夕食をとりあえずドミノピザで済ませる人、外食する人、スーパーマーケットの惣菜を買う人などをターゲットに、料理の質を落とさず、便利さを提供するシンプルなサービスだ。

彼は自宅のアパートでビジネスを始めた。そして、業者の施設の一角にレンタルの冷凍庫を置かせてもらい、1枚の小さなチラシを作った。セミナーに参加したときのロリーは商売を切り盛りするのが精一杯で、私にこう言った。

「一度試してくれた人は必ず再注文してくれます。届けた夕食を冷凍庫にストックし、なくなればまた電話をくれるのです。とにかく一度でも試してもらえれば、リピーターになってくれます」

「その話が本当なら、私はあなたのマーケティング上の問題を解決できる。しかし、嘘ならば、私のアドバイスによってあなたは廃業に追い込まれるだろう」と私は答えた。

我々は〝無料ディナー〟というコンセプトで、販促キャンペーンのすべてを作り直した。「無料で試してもらい、虜にしてしまえばいい」という私の提案にロリーも賛成した。〝こんな素晴らしいディナーを無料で？〟という広告を、イエローページや新聞に載せ、ラジオでも宣伝して、トラック1台分の無料ディナーを配った。以来、様々な表現で数多くの広告を打ってきたが、新規顧客獲得のために無料ディナーを提供するというやり方だけは変えていない。

明らかに、当初のマーケティング上の課題は克服できた。そして、新規顧客獲得コストは非常に低く、顧客維持率と紹介率は非常に高い。

しかし今、別の難問が立ちはだかっている。彼は資本金ゼロで商売を始めたうえ、風変わりなビジネスということで、銀行から多額の融資を受けられないでいる。資本力のある会社にアイデアを盗まれる前に、ビジネスを拡大したいと思っているのだ。つまり、十分な在庫を持ち、社員を雇い、ディナーを取りに来てもらえる実店舗をオープンしたいのだが、それには多額の資金が必要なのだ。この問題が解決すれば、彼のビジネスはフランチャイズ化できる。そうなれば、多くの街で彼の広告が見られるようになるだろう。

彼の劇的な成功は、これまで述べてきた戦略が基本になっている。つまり、価格ではなく品質で売る、何にもましてサービスで勝負する、ダイレクト・レスポンス手法を使う広告は工夫に工夫を凝らして断り難い魅力的なオファーを付ける、といったことだ。

ところで、ロリーのビジネスはトレンドを見極めたものだが、トレンドというものは多くのものを刺激する。この時代、最も価値の高い商品は通貨でもなければ、金や銀やダイヤモンドでもない。それは〝時間〟である。だからこそ人は「保存できるもの」に喜んでお金を払う。

共働き夫婦は、子育てや家事で時間がないが、健康を考えるとフィットネスクラブにも行きたいし、ウォーキングやジョギングもしたい。また、レジャーの選択肢は山ほどあるし、空いた時間に自分のビジネスをする人の数もかなりにのぼる。つまり、誰もが時間がないのだ。だからこそ、人は、〝便利さ〟にお金を払う。もし人に〝時間〟を提供することができたら、ひと財産築くことだって可能だ。

◪広告費ゼロで100万ドル規模のビジネスを築く方法

TV番組のトランスクリプト（監訳者注：放送原稿のこと。全台詞など番組内容が文字に書き起こされている）が欲しいという視聴者からの要望は、長い間やっかいなものとされていた。しかし、ジェームス・スミスは、そこに〝隠されたチャンス〟があることに気がついた。

マサチューセッツ工科大学を中退したスミスは、マンハッタンで製版業を営んでいた。ある日、TVニュース番組『マクニール／レーラー　レポート』のトランスクリプトを手に入れようと注文したところ、手元に届くまで3週間もかかった。彼は、自分の小さな会社でももっと素早く、よい仕事ができると思ったので、その番組を録画し、徹夜で文字起こしとタイピングを行い、翌朝に同番組のプロデューサーに届けた。そして、同番組のトランスクリプトを作成する独占契約を結んだ。

この型破りなサービスを提供する会社、ジャーナル・グラフィックス社のおかげで、プロデューサーは面倒な要望から開放された。

スミスはプロデューサーにこう持ちかけた。「ジャーナル・グラフィックスの住所と連絡先をほんの一瞬放送してもらえれば、視聴者からのトランスクリプトの要望には弊社が対応し、貴社には著作権料を支払います」と。

以来、瞬く間に、ほとんどのトーク番組とCNNの約3分の1の番組のトランスクリプトを作成する権利を得た。

もちろん、通常の番組のトランスクリプトの要望数は、十分な儲けになる数ではない。しかし、原本となるトランスクリプトを一部作成するコストは一般的なものなら100ドルもかからない。また、コピー代は1ページあたり約2セントなので、1冊分のトランスクリプトのコピーは平均1ドルくらいだ。ジャーナル・グラフィックス社は、それに300％、またはもっと高いマージンを付け、1冊あたり3ドル～5ドルで販売する。そして、時には大ベストセラーになるトランスクリプトがあるので、大儲けできるのだ。

1993年4月8日に放送されたフィル・ドナヒュー・ショーの『レシピ探検』（リーズ・ピーナッツ・バター・カップやケンタッキー・フライド・チキンなど、有名な食品を自宅で調理できるレシピを紹介した）のトランスクリプトは10万部も売れた。ベテランジャーナリスト、ビル・モイヤーズがPBS（Public Broadcasting Service：公共放送サービス）のテレビ番組で、『神話』についてジョゼフ・キャンベル（神話学の第一人者）にインタビューしたトランスクリプトも2万部売れた。

これらすべてをあわせると、年間300万ドル以上の売上になる。しかも広告費はゼロだ。そしてビジネスはどんどん成長している。レシピや番組ゲストへのインタビューなどに興味を持つ一般視聴者だけでなく、サリー・ジェシィ・ラファエル（有名なトーク番組の司会者）、法律事務所、新聞社、ラジオのトーク番組のプロデューサー、さらには政府機関もトランスクリプトを欲しがっている。

さらに、衛星やコンピューター、ファクスを使って納期を早くすれば、割増料金を払ってくれる。また、あらかじめ興味のあるトピックを指定しておけば、100種類のテレビ番組の中から、そのトピックが取り上げられるたびにスクリプトを届けるサービスを、年間1千ドルで提供している（たとえば、旅行業界のロビイストには、テレビで旅行業界が話題にのぼるたびにそのスクリプトが届く）。つまり、放送局や番組プロデューサーたちと、特別な情報を必要としている顧客の双方に向けてサービスを提供しているのだ。

ジャーナル・グラフィック社は、言わば、情報ハイウエイの料金所だ。しかも、成功しているすべてのサービス事業の基本をしっかりと押さえている。つまり、顧客が独自でやるよりも低コストで、より早く便利に、必要とされているサービスを届けることができるのだ。

成功のポイント⑯　時間を売る

自分の趣味を活かしてお金持ちになる

サービス事業を始めたいが、どんなサービスを提供するか悩んでいるならば、自分の趣味や個人的な興味を見直してみるといい。

経済的成功を手に入れたいなら、タダでやってもよいと思えるほど楽しめることをするのが最も成功の確率が高いと、多くの専門家が言っている。

私の場合、楽しめることといえば、寝ること、食べること、競馬に行くことくらいで、そこから、収益性の高いビジネスを築くようなアイデアは今のところ思いつかない。しかし、今最も成功する可能性が高いという理由だけで選んだビジネスを始めるよりも、興味のあることをビジネスにするほうが、成功までの長い間、情熱を持ち続けるのがたやすいのは疑いのないことだ。

ミリオネアになるためのインスピレーションを、自分の趣味や個人的な興味から得ることは、多くの人ができることだし、ぜひやってみるべきだろう。

◪リビングルームの壁紙の張り替えからユニークな事業が生まれた

1964年、モントリオール大学の商学部を卒業したミシェリン・マッセは、自分のリビングルームの壁紙を、カラフルで美しい彫刻風の紙で張り替えようと、古い株券を収集し始めた。ただ同然で購入したり、友人たちからもらったりして集めた古い株券は価値がないものに思えたが、すべてを壁に貼り付ける前に、いくつかの株券を選んで本当に価値がないかどうかを調べることにした。

するとラッキーなことに、そのうちの1つに、5千ドルの価値があることがわかった。壁紙を張り替えるという計画は崩れたが、これは、ミシェリンが〝株券探し〟という新しいビジネスを始めるきっかけとなった。

◪行方不明の財産を探し出す

ミシェリンによると、約2千500の会社が毎年社名を変更している。また、組織の合併や再編は株主を混乱させる。倒産企業の債務整理が行われるのは数年後で、休眠会社の株主は途中であきらめてしまう。

株主が亡くなった場合、株券は屋根部屋やクローゼットの靴箱の中に何年も置き去りにされることがあり、発見されたときには当然無価値と思われる。こういったものをすべて足すと、ミシェリンの試算では、有効なのに「失われた」と思われている株券の総額は10億ドルにのぼる。米国の3分の1の世帯にこのような価値がないと思われている株券が眠っているのだ。

1930年代に株券がただ同然になってしまったノース・ヨーロピアン・オイル・コーポレーションの例を見てみよう。この会社は、1937年に閉鎖された。しかし、20年後に、所有地でオイルが発掘されたのをきっかけに、社名を変えて会社は活動を再開し、古い株券の価値が突然上がったのだ。1930年から100ドルの価値だった株券が、現在では13万ドルだ。この会社の100万株近くもの株券が、価値のないものだと思われて現在も誰かの手元で眠ったままになっている。

フロリダのセント・ピーターズバーグを定年退職したフローレンス・リチャードは、

1930年にノース・ヨーロピアンの株を1株25セントで300株買った。それは、当時付き合っていた株式仲買人の男性が失敗して落胆していたのを元気づけるためだった。フローレンスはミシェリンの記事を読んだ。彼女はミシェリンのおかげで300株の配当として5万4千500ドルを受け取ることができたのだ。

◪回収額の30%！　趣味から始まったサービスが巨大ビジネスになる

ミシェリンが創立した会社、ストックサーチ・インターナショナル・インクには、広範囲に及ぶデータベースと、世界中のリサーチ会社のネットワーク、調査の専門家チームがあり、古い無名の株券の実価格の追跡ができる。会社は、調査案件ごとに、わずかな均一料金（本書を執筆している時点で100ドル以下）を請求し、株券に価値があれば、回収できた額の30%を追加請求する。

また、価値がなかった場合でも、株券が収集品市場（コレクターズ・マーケット）で売れることもある。収集価値のある株券を売買するディーラーとしての活動を続ける限り、ミシェリンの趣味は生かされるわけだ。

何年にもわたり、彼女は顧客のために何百万ドルものお金を回収した。そして、最終的に、価値のない株券を部屋の壁紙にするのに十分過ぎるほど集めることができたのである。

興味の先には何がある？

カール・ギャレティは、ダイレクト・レスポンス広告とコピー・ライティングに強い興味があり、マーケティングの専門家の話を聞くその種のカンファレンスに頻繁に参加するようになった。

彼は、カンファレンスに参加するたびに、いくつものセミナーに顔を出し、広告業界の巨匠と呼ばれる人たちの書いた本を参加者に勧めている。1931年に出版された『ザ・ロバート・コリアー・レターブック（The Robert Collier Letter Book）』のような古典本や、広告業界の先駆者であるクラウディ・ホプキンスの『サイエンティフィック・アドバタイジング（Scientific Advertising）』などは、効果的な広告コピーを書きたいと考えている人にとってはとても価値のある本だが、今や手に入れるのは困難だ（監訳者注：ネット書店のサービスが拡充している今日、絶版本であっても入手するのは、それほど難しい状況ではなくなっている）。

カールは、そこにチャンスを見出した。そのような本をたくさん掘り起こし、版権の所有者を探り出して契約を結び、新版として出版した。また、埃っぽい倉庫に眠ったままになっていた本の在庫を見つけ、それを販売する契約を結んだり、無名の出版社と直販の契約を結んだりすることもあった。そして、お勧めだが手に入りにくい本を、様々な方法で

100冊近く集めてカタログにした。

今では、カンファレンスの講師のほとんどが、セミナー参加者やクライアントにカールを紹介するようになった（私の知る限り少なくとも50人はいる）。広告業界の巨匠たちから学びたいと思っている人や、現在活躍している講師にこのようなサービスを提供することで、カールは収益性の高い通販業を築き上げたのだ。しかも広告費はゼロである。

彼のビジネスはそこで終わりではなかった。マーケティング・カンファレンスに行き、そこに集まる講師やコンサルタント、専門家や起業家との付き合いを楽しんでいたカールは、自分の出した本を土台にしてスピーチにまとめた。また、巨匠たちのコピー・ライティングの技法に基づいた独自の通信講座も作った。

今やカールは、カンファレンス公認の専門家として招待される立場になった。講義をして、カタログを配り、通信講座を販売する。カンファレンスに参加するたびに旅費を出費するのではなく、大金を稼ぐようになったのだ。

カールのビジネスは通販業だが、希少な絶版本を探し出して出版するサービス業として位置づけることで、広告費のほとんどかからない通販業を築くことができた。

「平凡なビジネスパーソンは、より多く稼ぐことを考えて働くのではなく、自分の常連客によりよいサービス、創造的なサービスを提供するにはどうすればいいかを、毎日1時間静かに考えれば、もっとお金持ちになれるだろう」とアール・ナイチンゲールは言ったそうだ。

成功のポイント⑰
サービス業でなくても、サービス的な要素を加え、強調する

得意なことをやるのも、お金儲けの秘訣

私は、〝話す仕事〟を始めた。多くの人がやっているように、自己啓発やモチベーション（動機づけ）、成功法則について講演をする仕事だ。依頼があれば、どんな仕事でも引き受けてきた。「ニュージーランド産の、あるラビットの交尾の習性について話せますか？」という依頼も、もちろん引き受けた。その依頼のあった前月、そのラビットの繁殖ビジネスをやっているクライアントと偶然出会ったのだ。

私がこうして話が上手になったように、こんなことをしていれば、誰でもうまくなる。そして話すことで生計を立てることができるようになる。多くの人と同様、私も話すことで生計を立てている。

しかし、私の場合、一般的な話題について話すのは止め、自分が最も得意で興味のあるマーケティングやダイレクト・マーケティングの戦略とシステムに話のテーマを絞ったところ、収入と仕事の依頼が急増した。多様な製品やサービス、事業に対して最適なマーケティング戦略をひねり出し、目的にかなった戦略を実行する方法を教えることは、私にとって簡単であるうえに、楽しみでもあるのだ。ゴルフをするより仕事がしたい――こんな私を妻はいつも信じられないという目で見ている。私は仕事と遊びの線引きが曖昧なのだ。

仕事と遊びの線引きがはっきりとしない人は、富を築ける仕事をすでに見つけているのではないだろうか。そうは言っても、もちろん現実を見なければいけない。エネルギーを注ぎ努力する価値のある、ある程度大きくて反応のよい市場であることは必要だ。

起業家の道は、とても長く険しい。ストレスや不安、金銭的な心配や苦悩が付きもので、次から次へと障害が現れる。それでも、自分の興味のあることであれば、情熱を持ち続けることができるだろう。大金持ちになることだけを目的にしてお金を稼ぐより、やっているだけで楽しいと思えることを仕事にするほうが、ずっと楽に大金を稼げるはずだ。

成功のポイント⑱

情熱をビジネスにつなげる

成功するサービス事業の土台となるもの

①必需品とされているもの（ガソリンスタンド、コンピューター修理など）
②欲求に訴えかけるもの（インテリア装飾品、ポートレート写真など）
③時間の節約になるもの（バイクオイル交換、草刈りや造園サービスなど）
④お金の節約になるもの（家具のリサイクルなど）
⑤ライバル社に比べて明らかにメリットがあるもの。または、ユニークなもの（たとえば、電化製品修理サービスで、約束した時間に到着しなければ修理費が無料になるというサービスなど）。個人的に興味があることで、できれば情熱の持てるもの
⑥自分の才能、能力や特別な知識を生かせるもの

第6章 ビジネスをコピーして、大金を生み出す

お金を稼ぐ方法を作り、1つの事業に立ち上げ、そのやり方を人が真似できるようにシステム化する。そして、そのシステムを人に使ってもらい使用料を得る。

これはマクドナルドのようなフランチャイズ業界の仕組みだ。しかし、もっと簡単でコストも少なく、規制も受けずに自分が作ったシステムに対する使用料を徴収する方法がたくさんある。フランチャイズについて少し話をしてから、もっと面白いビジネスチャンスを紹介しよう。

◪フランチャイズは今なお、億を稼げるビジネス

フランチャイズ・ビジネスと言えば以前は、フランチャイズ本部の提供するシステムとトレーニングやサポートのおかげで、普通の人が比較的わずかな投資とリスクで商売を始めることができる手段の1つだった。

しかし年が経つにつれ、フランチャイズ本部に支払うロイヤリティや開業資金はどんどん上昇していった。最近では、大手フランチャイズ本部の多くは、他のフランチャイズですでに成功しているフランチャイジーにのみフランチャイズ権を販売し、新規開業者へはまったく販売していない。つまり、マクドナルドのフランチャイジーが、ドミノピザやダンキンドーナッツ、アルファグラフィックスなどのフランチャイズ権を所有しているという具合で、業界全体が排他的になっている。

もちろん、すでに何かの営業権を持っていて、それをフランチャイズ化できる準備ができている人なら、フランチャイズ本部として富を築くことはできる。そういう人は、まず、ワシントンDCのインターナショナル・フランチャイズ・アソシエーションから情報を入手するのがいいだろう。

しかし、フランチャイズ本部を始めるには大金が必要だ。とくに、弁護士費用と、連邦政府と州への煩雑な登録にかかる費用は非常に高額だ。

フランチャイズ本部を立ち上げるにも、フランチャイジーになるにも、複雑でお金がかかり、障壁も多いという状況を踏まえて、本章では、これまでとは違った斬新でシンプルなビジネスの形態について述べよう。

◪ビジネスの単純化が金を生む

レンとサンディ・シャイカインドが経営するUSゴールド・チェーン・マニュファクチャリング社の主要事業は『ゴールド・バイ・ザ・インチ（Gold By The Inch）』だ。

起業家精神に溢れた2人は、20以上の事業を立ち上げて地味な成功と大失敗を繰り返した末、ゴールド・バイ・ザ・インチのアイデアを思いついた。そのアイデアはシンプルだ。様々なデザインのゴールドの鎖を糸巻きに巻いたまま陳列しておく。お客はその中から好きなデザインの鎖を選び、手首や首、足首にピッタリ合う長さに切ってもらい、リングと留め金で固定してもらう。その場でオーダーメイドのジュエリーができ上がる仕組みだ。

レンが思いついたこのアイデアを試そうと、2人は子連れで不用品交換会に出向いた。そしてまもなく、手作りで陳列棚を作り、友達のギフトショップの前で商品を並べたのが、ゴールド・バイ・ザ・インチの始まりだった。

フェニックスで行われた屋外の不用品交換会で販売を開始して6ヵ月、週末だけで、4万ドル以上のゴールド・バイ・ザ・インチが売れた。ちなみに宝石関連の商品の利幅は非常に大きい。宝石店やデパート、ディスカウントストアでさえ、15～20倍の利幅を付けるのが一般的なので、ゴールド・バイ・ザ・インチが8～10倍の利幅を付けても、顧客にとってはかなり割安だ。6ヵ月間のパートタイムビジネスで、売上4万ドル、利益は3万ドル近くになった。そして、2人はゴールド・バイ・ザ・インチが他の人も喜んでやりたがるコピー可能な市場性のあるビジネスであることに気がついた。

11年後、USゴールド社のゴールド・バイ・ザ・インチを取り扱うディストリビューターは1万人近くとなり、全米、カナダ、オーストラリア、ニュージーランド、英国、アフリカ、アラビア、ギリシア、日本にまで広がった。その大部分が副業としてビジネスを展開している。

不用品交換会やフェアやバザーに出向いたり、モールやショッピングセンターの店舗の一角を借り、商品を持ち込んで販売したりする者が多いが、小さな売店を構えて販売している者もいる。1994年、ディストリビューターの総売上は2千500万ドルを超えた。

自社工場で製造する豊富な種類の指輪や、輸入パールなど、取扱商品は増えたが、ディストリビューターたちが必要とするのは、小さな売場スペースと、お客の目を引くキラキラしたゴールドチェーンの糸巻きだけだ。開業資金はわずか399ドル。開業時の平均的な商品在庫は約1千ドル分だ。その1千ドル相当の在庫は、週末が2、3回あれば売り切れてしまうことも珍しくない。

USゴールド社がわずか10年で成功した秘訣は、人々の心を動かすほどビジネスを単純化したことだ。多くの人が真似できることが成功の秘訣だとレンは言う。

「大切なのは、商品とその魅力、そしてビジネスの仕組みを誰もがすぐに理解できること。始めるのが簡単で、放っておいても売れる商品だから、誰でも成功できると思えるんだ。それに利幅が大きいから、1日数個しか売れなくても数百ドル（時給に換算すると30ドル～40ドル）がディストリビューターの儲けになる」

レンが作り出したものは、いつでも、どこでも、誰にでもできる、成功するビジネスのパッケージだった。

◪テレビ放映で飛躍的成長を遂げる

何年にもわたり、USゴールド社はディストリビューターを全国紙の『Money-making Opportunities』や『Income Opportunities』などの広告で募っていたが、テレビのインフォマーシャル（第8章参照）を流したことでビジネスは大躍進した。低予算で簡単に制作したゴールド・バイ・ザ・インチを紹介する30分間の番組（レンとサンディ、成功しているディストリビューター、業界の専門家へのインタビューも収録）が放映されると、ビジネス参加のための資料を請求する人たちが急増したのだ。おかげで、ディストリビューターを獲得するための広告費をかなり節約することができた。

また、私がプロデュースしたUSゴールド社のインフォマーシャルは、ビジネスチャンスに関する〝リード・ジェネレーション・インフォマーシャル（監訳者注：新規見込客獲得のためのインフォーシャル）〟として最も長期にわたって放映されるという記録を作った。ディスカバリーチャンネルやファミリーチャンネルなどの全米のケーブルネットワークと、何百もあるローカル局で5年以上にわたり放送された。

このTVコマーシャルを流し始めた当初は、同じようなリード・ジェネレーション・インフォマーシャルは他になかった。我々がこの試みの先駆けであり、その後、真似をする人たちが出てきたのだ。TVコマーシャルが、何百万ドルの売上やディストリビューター組織の飛躍的成長、さらには会社名と商品名を驚くほど多くの人に認知させることに直接貢献したといえる。

また、ラスベガスのMGMグランドホテルやテーマパークの幹部がこのTVコマーシャルを見ていたおかげで、MGMグランド・テーマパークの中に、ゴールド・バイ・ザ・インチの第1号店『ゴールド・マイン』をオープンすることができた。ゴールド・マインは、レンとサンディの息子が経営者だ。彼は不用品交換会でゴールド・バイ・ザ・インチを販売しながら苦労して大学を卒業した。第1号店の初年度の売上は、優に50万ドルを超えていたはずだ。

◪開業セミナーが大人気のビジネスに

膨れ上がるフランチャイズの開業資金に手が届かないため、多くの起業家たちは、通称〝ブート・キャンプ〟と呼ばれる開業セミナーに積極的に参加するようになった。

基本的に参加者はフランチャイズを始めた場合と同様の教育を、5～7日間の短期集中コースで受ける。しかしそれ以後は、学んだことを生かして自分自身でビジネスを始めなければならない。ビジネスを行ううえでのシステムは学べるが、親会社との継続的な関係を持てるわけではない。

この分野での第一人者がローレンス・J・ピノである。ローレンスは、弁護士資格を持つ、経験豊富な起業家であるが、最近は積極的に指導者としての仕事をしている。彼は20年以上の間に、35のビジネスを立ち上げ、『ザ・デスクトップ・ロイヤー』というソフトウエアプログラムを開発し販売した。また、125の都市で30万人以上に講演を行い、その活動のかたわら、フロリダ州オーランドにオープン大学を設立した。その場所は、溢れる企業家精神と栄光の究極のモニュメントといえるディズニーワールドのすぐそばだ。

オープン大学は現在、ホワイトカラービジネスマン向けの2つの開業ブート・キャンプを後援している。1つは、不動産市場で住宅ローンの値段交渉や仲介、買い付けを行うビジネス、もう1つは、売掛金を早く現金化したいという業者向けに売掛債権を買い取って手数料をもらうビジネスだ。

ブート・キャンプは2つとも1週間のコースで、参加費は1人7千ドル。セミナーとしてはかなり高額だが、開業資金の一部と考えれば安いものだ。オーランドで開催されるブート・キャンプの講師は、オープン大学のインストラクターやそのビジネスで成功している外部のビジネスマン、そしてローレンス自身だ。マニュアルや視聴覚教材も用意されている。

年間50～70都市で導入セミナー（参加費は無料か安価）が開催されていて、ほとんどの参加者はここで先述の2つのビジネスチャンスを知り、ブート・キャンプに申し込む。オーランドでは、カウンセラーチームが参加を決めかねている人たちに電話をかけ、質問に答えたり、学費の相談に乗ったりしている。

ローレンスは説明してくれた。「あまり知られていないが普通とは違うエキサイティングで儲かる在宅ビジネスだけを見つけて選び出すことに、自分の経験と人脈を使おうと決めたんだ。そして、そのビジネスを開業、経営するために必要なあらゆる事項を網羅して、標準化された良質なトレーニングシステムを作り上げる。そのレベルは、MBAの縮小版かフランチャイズ本部で受けるトレーニングと同等のものだ。米国の大学や専門学校でも、非常によい情報を提供しているとは思うが、すべてが実用的なわけでなく、実社会においてどのように活用すればいいのかがわかりにくい。高度な教育機関に匹敵するものを作ろうと考えたとき、どうすれば人生で成功できるかを教え、どんな人でも教育を受けられるようにしたいと思った」と。

オープン大学は2種類のビジネスをやっていて、これも大多数の人々が簡単に学べ、真似できるものだ。そのビジネスは、年間数百万ドルものお金を生み出すオープン大学の資金源となっている。

アントレプレナー・マガジンの最新号に掲載されている広告を見れば、実に様々な商売で、同じようにフランチャイズ制ではない短期集中コースという方法を用いている企業が50社以上はあるのがわかる。その業種は、衣料品店や旅行代理店から、住宅購入者のための家屋調査士や企業相手の節税コンサルタントまで多岐にわたっている。

◪ネットワーク・マーケティングはコピーの力で儲けるための方法

この分野では草分け的な存在であるにも関わらず、よく誤解され、時に馬鹿にされたりもしているが、アムウェイ・コーポレーションはれっきとした巨大企業だ。

1959年に幼馴染《おさななじみ》のリッチ・ディヴォスとジェイ・バンアンデルが、たった1つの多目的洗剤から始めたアムウェイ・コーポレーションは、何百という商品を扱う年商10億ドルの企業に成長した。様々な自社製品に加え、別カタログで有名ブランドの衣類や電化製品をディストリビューターのネットワークを通じて販売している。その中には、ＭＣＩの割引長距離電話などのサービスも含まれている（監訳者注：ＭＣＩは米国の大手長距離電話会社で、アムウェイと提携した。ディストリビューターは、自分が広げたディストリビューターのネットワークの通話料に応じてインセンティブを受け取れる）。

独立した事業者として登録しているディストリビューターの多くは、副業でビジネスを展開し、ミシガン州エイダの小さな町にある本社から世界の至るところに広がっている。その過程で、報酬プランの是非をめぐって連邦取引委員会との長期にわたる論争に耐えてきたが、最終的には、いたって不安定な業界の中で、完全なる不動の地位を築いた。

そして創立者と多くのディストリビューターは大金持ちになった。数年前、アムウェイを引退したリッチ・ディヴォスは、ＮＢＡチームのオーランドマジック買収のためにポンと大金を出した。アムウェイ成功の基盤を築いたのはまぎれもなくコピーの力であることを学ぶべきことだ。

アムウェイのビジネスは、成功するための基本的な3つの考えから成り立っている。

第1に、誰もが使っている、わかりやすい商品を扱うことだ。つまり、生活必需品なので、友達にも話しやすく、デモンストレーションも簡単にできる。ディストリビューターは目新しい商品の購入を促すのではなく、毎日使っている生活必需品の購入先を変えることを勧めればいいのだ。これなら物を売ることが苦手な人でも真似することができる。

2つ目は、口コミによるマーケティングしか行わないことである。普通、日用品や化粧品、食品やサービス会社は、マスメディアで宣伝活動を行い、高い広告費を使う。しかし、口コミにこだわり広告費をかけない分、ディストリビューターの報酬にたっぷり資金をあてがうことができる。

3つ目は、ディストリビューターは商品の小売もできるが、大きな収入はコピーの力によって得られるようになっていることである。つまり、他の人にビジネスの始め方や売り方を教え、そのやり方を次の人から次の人へと同じように教えていく。アムウェイは、このプロセスを「スポンサリング」と呼んでいる。あるディストリビューターが別の誰かをスポンサリングする。そしてその新たなディストリビューターがまた別の誰かをスポンサリングしていく。まさに無限に広がっていく組織で、複雑な歩合システムに基づいて、各ディストリビューターの報酬をコンピューターで計算して支払う。ディストリビューターは、自分が学んだシンプルな知識を、自分がスポンサリングする人に教えていく。

ただし、このような組織も何らかの形で崩壊することがある。典型的なケースは『過剰在庫（inventory loading）（監訳者注：営業目標を達成するために過剰に在庫を持つこと。

時に訴訟となる）』と呼ばれ、これは合法的なネットワーク・マーケティングの枠を超え、非合法なピラミッドスキーム（監訳者注：いわゆる「ねずみ講」に変わってしまったもの）だ。区別するのは難しいが大きな違いである。

◪ネットワーク・マーケティングに型破りなビジネスアイデアを融合させる

いつの時代も野心に満ちた新しいネットワーク・マーケティング企業が立ち上がるが、そのほとんどが、様々な理由で倒産する。知るだけで、これまでに米国内で1800社のネットワーク・マーケティング企業が設立されたが、そのうち5年以上生き残っている企業は20社にも満たない。その数少ない1つが、ゲーリー・ヘイサーが率いるパーソナル・ウェルス・システムズ社（PWS社）である。彼は自身をまったく新しいタイプのネットワーク・マーケティング起業家とみなしている。

ゲーリーは独自のネットワーク・マーケティング企業を築き上げている。PWS社はわりと控えめな成長計画、商品、サービス、月額制のメンバーシップを採用している。野心的な米国人が負債のない生活を送れるようにするという理念に基づくものだ。昨年で設立9年目を迎えたPWS社の売上は前年比2倍となり、500万ドルを超えた。

ゲーリーのキャリアは音楽業界から始まった。デトロイトのモータウンのスタジオ・ミュージシャンとして、音楽業界の人気スターのバックでドラムを叩いていた。スタジオやクラブで演奏しながら、彼は住宅リフォーム会社を設立する。しかしみじめな失敗に終わり、以来、罪悪感にかられて酒に溺れる習慣と闘うようになる。彼はこう語る。「クラブに入り浸って一晩中飲んでいる自分に気付いたときは、さすがに打ちのめされたよ」

ゲーリーはドラムを800ドルで売り払い、妻を連れて街を出た。偶然セールスの仕事にありつき、副業でアムウェイ社のディストリビューターを始めた。そして、この活動を通じて、目標設定や自己改善、ポジティブ・シンキングの重要性を知る。これらは現在、彼がPWS社のディストリビューターの全国組織で熱心に語るテーマとなっている。

ビジネスのコツをつかんだゲーリーと妻は、急成長中の別のネットワーク・マーケティング企業のディストリビューターとなり大きな組織を築き上げたが、まもなくその企業は倒産した。それを機に彼は、他人がマネージメントするネットワーク・マーケティング企業のディストリビューターにはならないと決意した。そして、今までに学んだ経験を分析し、独自のマーケティングプランと報酬システムを創り出し、PWS社を興したのだ。

ゲーリーが工夫したポイントは、消費者向けの様々なサービス、割引、特典などを集めて、定期購読の月刊誌にまとめたことだ。PWSの会員になれば、この月刊誌に載っている20万種類以上の商品が利用可能になるのだ。つまり、個々の商品に焦点を当てるのではなく、こういった会員システムに焦点を当てることで、ある種独特の安定感を持った運営を可能にした。ＰＷＳの顧客、会員、ディストリビューターは退会しない限り、ＰＷＳ社に毎月定額料金をクレジットカードかデビットカードから引き落とされる。こうした仕組みがビジネス特有の会員離れを劇的に減らすのだ。

また彼は、ダイレクト・マーケティングで使われる広告媒体や手法と、ネットワーク・マーケティングとを組み合わせる工夫をした。ＰＷＳ社とそのディストリビューターは、対面販売のみに依存するのではなく、リード・ジェネレーション広告やダイレクトメール・キャンペーン、録音メッセージ、オーディオやビデオによるカタログを使って、新しい顧客や会員、ディストリビューターを増やすことができるのだ。これは業界のトレンドであり、ゲーリーは誰よりも先んじてこのトレンドに乗っている。

ネットワーク・マーケティングでは、これまで、洗剤や化粧品、栄養食品など消耗品がおもな商品だったが、ゲーリーはそれに、低金利ローンや健康保険、歯科保険、長距離電話割引や旅行割引サービスを組み合わせたのだ。

さらに、会員離れを防ぎ、ディストリビューターの売上を見込みの立つ、継続的な安定したものにするために、すでにダイレクト・マーケティング業界では一般的になっていた継続注文システム（ブッククラブやレコードクラブ、映画クラブ、料理クラブなどに登録した顧客に毎月自動的に商品が配送され、自動的に月会費が引き落とされる仕組み）を取り入れた（監訳者注：現在のネットワーク・マーケティング業界では、「オートシップ・プログラム」と呼ばれている）。

次に、対面販売に、ダイレクト・マーケティングの通販手法を駆使した広告を組み合わせた。さらに、〝借金から開放され、経済的に豊かな人生を送ろう〟というキャッチフレーズのもと、ディストリビューターが高品質の、自己啓発やセールストレーニングのプログラム、ファイナンシャル教育やサービスを購入・販売できるようにし、ビジネスチャンスにした。

成功のポイント⑲ 創造的な組み合わせで、突破口を切り開く！

数年前に著者は、成長著しいネットワーク・マーケティング企業がつぶれてしまう様子を何度も目にしてきた。あまりにも早く成長したためにコントロールが利かなくなり、注文があっても商品は常に在庫切れ。データをコンピューターに入力できず、ディストリビューターに支払うボーナスも遅れる。また、現場のコミュニケーション不足により、会社の方針を徹底することができず、競争が過熱しすぎたり、嘘をついて不正を働いたりするディストリビューターが出るようになり、事業が頓挫に追い込まれる……。

これが、成長がマイナスに働いた多くのケースの一例だ。

ゲーリーも同じケースを目にし、成長をかなり控えめに抑えるべきだという思慮深い主張を行った。ゲーリーはPWS社をスタートして9年、営業地域の拡大、製品ラインの拡充、事業の多角化において、手綱を握り、頑固に自分の方針を貫いてきた。そのせいで、才能豊かで利益をすぐにもたらしてくれる人材を失うことも多かった。

成長をあせって、製品やサービスの質、財務管理、事業全体の整合性を犠牲にするとき、その企業は未来を抵当に入れることになる——魂を売り渡したファウストのように。

成功のポイント⑳　急成長よりも何を優先事項にするべきかを考えろ

ゲーリーは、PWS社のビジネスを、数百万ドルのビジネスではなく、数十億ドル規模のビジネスと見なした。実際彼は「ネットワーク・マーケティング業界のサム・ウォルトン（米国流通最大手ウォールマートの経営者）」になるのだと公言していた。

彼の風変わりな小さな会社が、年商400億ドルを超えるウォールマートを打ち負かすなどと聞いて笑い飛ばしたくなるかもしれない。しかし笑ってはいけない。ミリオネア起業家の多くは、〝大きな考え〟が唯一の財産だったときに、それを大勢から大声で笑われた経験をしている。とてつもなく大きな目標を持つと、普通以上にパワーとエネルギーを得られるらしい。

成功のポイント㉑

大きく考えろ!

◪ネットワーク・マーケティング企業に商品を提供する

ネットワーク・マーケティング企業を立ち上げたり、ディストリビューターになったりするのではなく、ネットワーク・マーケティング企業に商品やサービスを提供するのも1つの方法だ。たとえば、MCIの、毎月の新規加入者の4分の1~2分の1が、アムウェイのネットワークからのものだ。MCIがこれを喜んでいるのは間違いない。

もう少し小規模な話をしよう。イーグル・インターナショナル・インスティテュート社(以下、イーグル社）は、タイムマネージメントの研修を行い、手帳などの販売もする出版社だ。商品の『イーグル・デイプランナー（監訳者注：システム手帳の一種）』は、複数のネットワーク・マーケティング企業の商品として流通していて、たいへんな売上を上げている。イーグル社の基本ビジネスは、大企業向けのタイムマネージメント研修とその教材の販売であり、デイタイマーやフランクリンのような企業と真っ向から競合している。そして、この分野だけでも驚異的な成功を収めている。その一方で、タイムマネージメント関連商品やデイプランナーを、各ネットワーク・マーケティング企業向けに作り直し、PB化して、増え続けるディストリビューターのネットワークに乗せて次々と販売している。

イーグル社の創立者のマーク・コロズィは言う。

「ネットワークの倍増効果には驚くべきものがある。なぜなら、ネットワークビジネスの環境にいると、ディストリビューターは、自分が会ったり見たりした成功者と同じようになりたいと思うからだ。つまり、成功者がデイプランナーを持ち歩いているのを見ると、自然に影響されて、みんながそれを買って使うようになるのだ。まさに雪だるま式の効果だ。ミーティングでデイプランナーを使っている人が増えれば増えるほど、持っていない人はどんどん居心地が悪くなっていく。そして、すべての人がデイプランナーを買うことになる」

◪ビジネスチャンスが見込める市場の将来は？

すでに〝コピーの力〟を発揮できるようなビジネスをしているか、そういったネットワークに製品やサービスを提供している人なら、永続的に儲けることができるだろう。

巷には職場から解雇され再就職できない人々が溢れていて、自営できる仕事探しを余儀なくされている。既存の会社を買う、ゼロから商売を立ち上げる、フランチャイズを始める、ネットワーク・マーケティング企業のディストリビューターになるなど、様々な選択肢があるが、手始めにブート・キャンプや同様の講習に参加してみる人も少なくない。

中間管理職について考えてみよう。米国企業は人員削減の傾向にあり、中間管理職をリストラして、官僚的になった組織を合理化しようとしている。その過程で多くの役職が減らされ、40代、50代で管理職としての経歴が20年以上あり、5万ドルかそれ以上の年収のある層の職がなくなってきている。これまでは、そういった層を受け入れてきた企業でさえ同じような傾向にある。この年代は、学校に行くには遅すぎ、引退するには早い。たとえ仕事があっても、以前のような地位や条件は約束されず、年収もかなり低い。彼らは自営業の道を選ばざるを得なくなってきているのだ。

加えて、公務員も人員削減の傾向にある。特に軍ではその傾向が強く、早期定年退職を求められる。女性が大挙して職場に復帰するのもこの層の職が減少している原因の1つだ。

機械化が進み、技術職も少なくなってきている。

こうして、自営業の道を歩む人の数が増加してきた。また別の様々な理由で、パートタイムや在宅ビジネスに興味を持ち、始める人々の数も急増した。このような傾向は、コピーの力が発揮できる確かなビジネスに参画する人々が、今後も増えることを示唆している。

PB化でコピーの力を活かす

コピーの力を使うにはいろいろな方法がある。前出のマーク・コロズィは、タイムマネージメント商品を自分の会社のブランドではなく、提携会社のブランドで流通させること、つまり、PB化することで、1つの財産を繰り返し複製したことになる。そして、1つひとつの商品には、オリジナルと同じ価値があるといえるだろう。

自家栽培のアロエでオクラホマの美容師が億万長者になった

74歳のエドナ・ヘネシーは、広大な化粧品生産工場と60個の温室のあるアロエ農場を経営していて、科学者や発明家、グラフィックアーティスト、会計士からなるチームを率いている。この数百万ドル規模の事業は、数多くのネットワーク・マーケティング企業に支えられてきた。それらのネットワーク・マーケティング企業には倒産したところもあれば、なんとかやっているところもあるし、急成長したところもあることを覚えておくべきだ。

エドナの会社は、ＰＢ商品を作る製造業者にすぎない。化学物質を使用せずに自家栽培したアロエをパッケージするという行程はすべて社内で行われる。エドナが作った50種類もの農学的処方で栽培されたアロエを、何百社もの企業ごとにパッケージを変えて納品するのだ。ネットワーク・マーケティング企業やＴＶショッピング会社などに加え、ニューヨークやビバリーヒルズの高級スキンケア&ビューティーサロンに高値で提供している。

すべてはオクラホマのロートンにあるエドナの温室にあった１つの鉢から始まった。マーレ・ノーマン化粧品の販売とビューティー・サロンの経営を6年間続けていた彼女は、当時商品を購入していた業者よりも高品質の製品を作ることができるかもしれないと思った。そこで、化学と化粧品に関する書籍を図書館で読みあさった。

１９５６年、彼女はキッチンで、最初の製品となるフェイスクレンザーを作った。鍋で材料をかき混ぜ、１回で8～9瓶分ができあがった。2年後には、最初の基礎化粧品シリーズのローション、クリーム、トリートメントがエドナの店に並んでいた。また、通販や全国に散らばるいくつかの代理店でも販売された。事業が急成長したのは、単なる配合成分としてではなく、基礎化粧品のベース成分としてアロエを使用することにしてからだ。

消費者はアロエ製品の効果に大満足していた。まもなく他社も同様の製品を作ろうとし始め、エドナのノウハウを手に入れようと躍起になった。

当然、エドナがその製法を漏らすことはなかった。彼女は、すばやく行動を起こし、できる限り多くのアロエ栽培農場と提携した。これで、独自開発の製法、経験豊富な彼女のアドバイス、高品質のアロエを手に入れるには、エドナの会社の製品を買う以外に方法がなくなった。実際、有名企業を含む何百という会社がエドナの会社の製品を購入している。

新しい化粧品ブランドに対する消費者意識と需要を創り出すのにどれだけのコストがかかるか想像してほしい。有名モデルや女優を起用して、コスモポリタンなどの雑誌に広告を載せれば1ページ当たり2万5千ドルから5万ドルはするだろう。TVコマーシャルやパッケージにもお金がかかる。最初の商品が売れる前に100万ドルを投資することが果たしてできるだろうか。

素晴らしい商品や企画があっても、新たに消費者の需要を生み出したり、すべての事業を一から構築したりするのは、多くの企業家にとってたいへんなことである。

もし素晴らしい商品を製造することができるならば、すでに顧客と信頼関係があり、大きな流通ネットワークを持っている企業にPB化して売ることができる。

たとえば、新しいタイプの高品質の自動車用ワックスがあるとしよう。その商品をウォールマート向けに、ウォールマートの名前とロゴで売り出す。また、通販会社のシャーパー・イメージのカタログ向けに『シャーパー・イメージ自動車用ワックス』という商品名で、まったく違う大きさと形のパッケージで作り直すこともできる。さらにネットワーク・マーケティング企業向けにも作れるだろう。

数年前、私は、公的機関や投資家などからの事業資金の調達や借入についての調査を行い、ライター（物書き）であっても、リサイクルの発想でPB化を応用できる。たとえば、それを『The Money System』という視聴覚教材にした。この教材は何千セットも売れて、今も売れ続けている。その後、教材のパッケージを少し変え、ヒューム・パブリッシング社向けにPB化した。また、この教材の一部のコンテンツを抽出して短いバージョンの視聴覚教材に作り直し、ダイレクト・マーケターが販売できるようにした。私は5年あまりで、同じ情報を6個の異なる商品にリサイクルし、そのうちの4つをPB化して他の会社に提供したのだ。

成功のポイント㉒

PB化は、広告費やマーケティングコストをかけずに大規模な流通網をすばやく手に入れられる素晴らしい方法である

エドナは、自分自身を〝通行料金徴収所〟のポジションにすることができた。米国内の最高級アロエの収穫量は限られている。エドナは最も大きなアロエ農場を所有しているが、そのアロエを買うにはエドナを通す必要があるのだ。

彼女のアロエの生産方法、基礎化粧品の製造方法、各アイテムの効果的な販売方法などすべてが社外秘である。エドナの専門知識を得たいなら、彼女に聞くしか方法はない。

成功のポイント㉓

自分を〝通行料金徴収所〟にする

第7章 ダイレクト・マーケティングで大きく儲ける

毎日ひっきりなしに郵送される注文書。出社するとファクスにも注文書の山。事務所では、何人もの社員が注文の電話に応対している。これほど嬉しいことはないだろう。

ダイレクト・マーケティング・ビジネスは、たまらなく魅力的な商売だ。私自身も大半の時間をこのビジネスに費やしている。出版系ダイレクト・マーケティング会社の経営と、別のダイレクト・マーケティング会社のパートナーをしているからだ。また、クライアントの約半数がダイレクト・マーケティング業界の人だ。

本章で、ダイレクト・マーケティングについて一から百まで教えることはできないし、やるつもりもない。理由は2つある。まず、ダイレクト・マーケティングのすべてを教えることは非常に困難だからだ。この分野で富を作りたければ相当な努力が必要だ。何冊もの本を読み、セミナーに参加し、いくつかの関連団体に加入する必要もあるだろう。

2つ目の理由は、このビジネスには「フルフィルメント」(※)と呼ばれる複雑な業務があるが、私はこの分野が不得手で人に任せているくらいで、その内容を十分に説明できないからである。

だからむしろ、ダイレクト・マーケティングで瞬く間に大儲けするための、驚くべきチャンスや方法に絞って紹介したい。

【監訳者補足】

（※）フルフィルメント

商品の受付から発送までのバックヤードを中心とした一連の管理運営業務。受注処理（電話、Web、はがき、ファクス等）、商品の梱包・配送、在庫管理、決済、代金回収、督促、販売管理、返品・交換、苦情・問い合わせ処理、顧客管理（分析）など。コールセンターやシステム開発会社、倉庫会社、物流会社などと連携して運用していくことが多い。業務の一部または全部を外部にアウトソーシングすることもある。品質を高めながらも効率的な運用をしていくことが求められる。

◪1枚のセールスレターで700万件の注文！

現在創立20年、販売網は13ヵ国に広がり、1993年に50万人以上の顧客を持ち、

1994年にはその数が倍増しそうな会社がある。

すべては、タイプ打ちの1枚のセールスレターから始まった。このレターは、歴史上最も多く郵送されたセールスレターの1つだ。

1970年、ひどい失敗を繰り返しながらも、通販ビジネスで成功しようと必死にもがいている若者が、暗い家の中で座っていた（セールスレター用の切手を購入したため電気代が払えず電気が止められていた）。

機嫌が悪くなっている妻に睨まれながら、彼は、新たな企画『家紋調査レポート』のセールスレターを作っていた。仕上がりは、見栄えの悪い地味なレターだ。それを、住所をタイプ打ちした白い封筒に入れて郵送した。受け取った人は、知人からの個人的な手紙のように思っただろう。これまでに、そのレターは速達で1億通は郵送されていて、750万件以上の注文を受けた。

この若者は、ダイレクト・マーケティング業界の〝生きた伝説〟と言われるミリオネアのゲーリー・ハルバート（監訳者注：コピーライティグのエキスパート、07年没）だ。ゲーリーは会社を早々に売却したが、彼のレターは家族調査の出版業と家紋関連商品（盾、ガラス製品、セーター、シャツ、ギフト等）の販売で、最大規模の企業を築き上げた。企業名は、ヌーマ・リミテッド（Numa Limited）で、メーリング・リストの顧客は世界中に及び、2億人以上にのぼる。この種のリストは通常郵便番号で整理されているが、ヌーマ・リミテッド社のリストはそれに加え、苗字でも整理されている。この種のデータベースでは唯一のものだ。

会社創立時からゲーリーのパートナーであったデニス・ハスリンガーは、会社を維持するために巧みなマーケティング技術を使い、製品とサービスの幅を広げ、強力な顧客ロイヤルティを築いた。

あなたもダイレクト・マーケティング業界でこのような成功を望むことができるだろうか？（できないわけがない！）

ジョー・シュガーマンが発見したダイレクト・マーケティングの成功の秘訣

テレビでブルー・ブロッカー社のサングラスを売っている、あごひげを生やした男といえば、ご存じ、ジョー・シュガーマンだ。ブルー・ブロッカー社は、シンプルなＴＶショッピングによって年間何百万ドルもの売上があるが、これは、ジョー・シュガーマンのダイレクト・マーケティングにおける冒険と成功の歴史の中での、最近の小さな出来事にすぎない。ジョーは、１９７１年、世に出たばかりの電子計算機を、通販で売るという試みを最初にやった男だ。

今日、電卓はウォルグリーン（全米最大規模のドラッグストアチェーン）やKマート（大手スーパーマーケット）に行けば数ドルで購入できる。しかし、世の中に登場したばかりの頃は、とても大きくて価格は200ドル以上もした。携帯できる計算機を必要としている人が本当にいるのか？　こんな面倒なものを持ち歩く人がいるのか？　これが本当に売れるのかは、誰にもわからなかった。

しかし、ジョーは電卓が気に入り、これならダイレクトメールで売れると確信した。そして、友人たちから集めた1万2千ドルを資本金として、クレイグ・コーポレーションに電卓を注文し、10種類のリストから5千人のアドレスを入手して、セールスレターを書いた。さらに同封する資料を用意し、通販事業を開始した。

開始直後に、240ドル分の注文書が郵送されてきたときは興奮したが、後が続かなかった。一段落したときには、資本金の半分がなくなっていた。資金を出してくれた友人たちに悪いニュースを伝えなければならなかったが、同時にジョーは、後に彼の成功哲学の土台になることをしていた。それは、「失敗から何かを学ぶこと」だ。

ダイレクト・マーケティングでは、広告やメールを送るたびに、かなりの量の情報を得ることができる。販売手段そのものがマーケティング調査になっていて、その調査結果からどのように売ればよいのかがさらにわかってくる。そして、何度でも、キャッチコピー、価格、広告媒体、見込み客リストなどを変更して、どうすれば売れるのかを、お金をかけずにテストすることができるのだ。この商売では、少しの忍耐力と市場の声を注意深く聞く耳を持っていれば、自ずと成功への道が見えてくる。**ダイレクト・マーケティングの成功の最大の鍵は、「テストを繰り返すこと」にあると言っても過言ではない。**

ジョーは、10種類のリストごとの反応を調べた。その結果、8つのリストからの反応は悪く、残りの2つのリストからはかなりよい反応があった。もし、その2つのリストだけを使っていれば、損失を出すことなく、利益だけを得ることができたはずだ。反応が悪かったのは、理論的には最も売れる可能性が高いと思っていたエンジニアと会計士のリストだった。反応がよかったリストは、会社経営者と企業エグゼクティブのものだった。

「経営者は長文のセールスレターやカタログを見ている暇などないだろうと思っていた。ダイレクトメールは経営者に手渡される前に、秘書がゴミ箱行きにしてしまうこともある。経営者は電卓など必要としていないだろうとも思っていた。エンジニアが見込み客としてはよいと思っていたが、間違いだったよ」とジョーは言う。

しかし、これでジョーは非常に価値のある〝資産〟――どのような人がダイレクトメールで電卓を購入するかという情報――を手に入れたわけだ。

彼はその情報をもとに、電卓が普及して安価になる前に、有望な見込み客のリストを所有している新しいパートナーと組み、友人たちから資金を集め、10万ドルを投資して、40万通のダイレクトメールを郵送した。しばらく不安な日が続き、少しずつ反応が出始めたあと、どっと注文が押し寄せた。想像を超えた反響だった。自宅は住まいというよりも、商品の注文を処理する工場のようになった。毎日シアーズが全国で販売している計算機よりも多くの計算機を販売した。

この成功にとどまらずジョーは、新しくてユニークな日の目を見ていない電化製品を専門に集め、ダイレクトメールを送ったり、ウォール・ストリート・ジャーナルや飛行機内の雑誌などにフルページ広告を掲載するなどして販売を始めた。液晶時計も他に先駆けて紹介し、ポケットサイズのCBラジオ（監訳者注：短距離通信用の市民バンド無線。トラックの運転手などに利用される）も、39・95ドルで25万個も売った。1977年には、簡易設置型セキュリティシステムを初めて市販した。1973年に、全国レベルの注文フリーダイヤルを最初に採用したのも彼の会社だ。ここ数年、機内の雑誌にJS&A（ジョーの会社）の広告が載っていないことがない。

何年か前、不運にも吹雪のため、彼の工場の電源が落ち、コンピューターの情報が消えて商品を納期通りに発送することができなかったことで、彼は訴えられた。そして、大々的に報道された連邦取引委員会との争いに敗れ、多大な出費を余儀なくされたうえ、すべての事業を失った。

しかし、ジョーは再び自宅のガレージで通販事業を始め、売れる広告作りに励んだ。そして、ブルー・ブロッカー（特定の紫外線だけを遮断するという新しいタイプのサングラス）という魅力的な商品に出会い、この商品で2度目のミリオネアとなった。JS&Aの成功は幸運によるものだと思う人もいるだろうが、2度目の成功が、彼の成功法則は時代を超えて信頼できるものだということを証明している。

ジョーは大学に通ったこともなければ、広告やキャッチコピーを学んだこともない。一般的には、彼は成功に必要な条件を満たしていなかったわけだ。**成功するのに何の資格も要らない**ということも、ダイレクト・マーケティングの魅力の1つといえるかもしれない。仕事をしながら学べるのだ。

私自身も大学に行っておらず、広告についての講義を受けたこともない。何の資格も持たずにこの業界に入った。ホテル&リゾートのマーケティングを手掛け、今や2億ドルのダイレクト・マーケティング企業を率いるグレッグ・レンカーも、この業界に入ったときには何の資格も持っていなかった。また、ゲーリー・ハルバートは百科事典の訪問販売員だった。つまり、誰でもこの業界で成功できるのだ。

多くの人々は失敗を恐れ、行動を制限してしまうが、ダイレクト・マーケティングのプロの多くは、失敗は日常茶飯事だと思っている。この業界では、うまくいった数より失敗した数のほうが多いのが普通である。たとえば、1992年から1993年に私が制作した8つのダイレクト・レスポンス広告のうち、6つは救い難い失敗作だったが、2つはホームラン――億を売り上げた広告だった。つまり8回のうち6回は失敗している。80％近くは失敗だということだ。

2つの成功によって、6つの失敗の損失を埋めてもおつりが来るほどであったが、6つの失敗も、成功と同じくらい大きな価値があったと思っている。どの失敗にも学ぶべきことがあった。それぞれの失敗から得た情報を将来に生かせると考えれば、失ったお金よりも大きな価値がある。失敗に終わった商品や広告、セールスレターやプロモーションは損失ではなく、投資と考えるべきだ。そして、その投資から大きな利益を得るために時間と労力を注ぎ、失敗から役立つ情報を引き出すことだ。

成功のポイント㉔

失敗体験から得た情報にこそ高い価値をおけ

ノーリスクでダイレクト・マーケティングに参入する方法

ジョー・コスマン（第3章参照）とダイレクト・マーケティング・ビジネスをしていた頃、このビジネスに参入しようとする起業家たちに会ってインタビューする機会があった。その中の1人がキャロル・ニーマンだった。

キャロルは、『カリプソ・ビバレッジ・ホルダー』という商品を通販で売る権利を手にしていた。これは車のダッシュボードに取り付けて、カップを保持するグッズで、中に浮動するディスクが入っていて、車が振動してもカップが平行に保たれるようになっている。

彼女は、自分で通販事業を起こさずに、カタログ通販をしている企業に商品を売り込んだ。そうすれば経費を使う必要がなく、リスクがないからだ。商品が掲載されたのは、1つのカタログだけだったが、最初の3ヵ月間でキャロルが手にした利益は1万400ドル以上にもなった。ノーリスク、広告費ゼロ、受注業務をすることもなく、彼女はダイレクト・マーケティングで1万ドルを稼いだのだ。この話は確実でリスクのない稼ぎ方を教えてくれる。魅力のある商品を通販会社に売り込めばいいのだ。

昨年、米国だけで120億冊以上のカタログが郵送されている。そして、そうしたカタログから1億1千万人以上の米国人が何らかの商品を購入している。カタログ販売企業の数は1万社以上にのぼる。よく知られているカタログには、『シャーパー・イメージ』『シユピーゲル』『リリアン・バーノン』『ハリントンズ』などがある。また、小さいものでは、ニッチ市場向けの特別カタログとして、『バス・プロ・ショップス・カタログ』や『スミス&ホーケン・ガーデニング』をはじめ、何千種類とある。様々な業界、趣味、レクリエーション活動、興味の対象ごとにカタログがある。そんなカタログ通販会社のすべてに共通する以下の2つの事実を突くことで、誰でもお金持ちになれる可能性がある。

◪カタログ通販会社を使って億を稼ぐ

カタログ通販会社に共通することの1つ目は、利益の大部分を占めているのは、一部のコアな顧客（反応が非常によいロイヤリティの高い顧客）からのリピート注文ということだ。これはたいへん重要な事実であることを忘れてはならない。

2つ目は、カタログ通販会社が共通にかかえている問題だ。それは、コアな顧客に繰り返し購入してもらうために、顧客の興味を惹きつける新しい商品を次から次へとカタログに掲載しなければならないことだ。つまり、カタログ通販会社が求めるシンプルな基準さえ満たせば、そこへ商品を提供できるチャンスは大きく開かれているといえる。実際、バイヤーは新しい商品を必死に探している。

カタログ通販会社へ商品を提供できれば、成功が約束された〝ダイレクト・マーケティング・マシーン〟を手に入れたも同然だ。つまり、カタログ通販会社の経験豊富な広告担当者がセールスコピーを作り、商品の宣伝用の写真やグラフィック・アートもプロが手がけてくれる。また、カタログ通販会社の資金で、何十万ものカタログに掲載され、リピート購買者のリストへアプローチすることができる。

電話による受注業務も任せておけばいい。売れた実績のない商品を提供する時は、供給メーカーや商品提供者が宣伝費の一部を負担しなければならない場合もあるが、たいていの場合、カタログ通販会社がそれも負担してくれる。販売に関わるリスクや費用をすべて負ってくれるわけだ。商品は30～50％の価格で仕入れられる。これは安すぎると感じるかもしれない。しかし、広告掲載やダイレクトメール、テレビなどの手段を使い、消費者に直接売る場合の経費は、仕入価格の50％を超え70％にもなるだろう。

私は、自分の本や視聴覚教材コースをトップクラスのビジネス商品カタログで販売してきた。『デイ・タイマーズ』『キャディラック・システムズ』『ナイチンゲール・コナント』『サイバービジョン』『マイルス・キンバル・ビジネス・ブック』などのカタログだ。また、あまり一般には知られていないカタログもある。『ナショナル・リスポンス・コーポレーションズ・インサイダー・レポート』のように、私の事業全体からすると、この分野はとても小さいものだ。それでも何年かで、すでに50万ドル以上をカタログで販売してきた。

また、クライアントの多くも、カタログ通販会社に商品を売ることで大きな収益を上げている。中でも、ガシーレンカー社は昨年『パーフェクト・スマイル』など500万ドル以上の商品をカタログで販売した。

それでは、商品をカタログ通販会社に売るにはどうしたらいいだろうか。

当然、商品が必要だ。そして、製造業者か出版社、輸入業者になるか、商品の専売権を得る必要がある。もちろん、ある程度の経済力も必要だ。

さらに自分の商品に適したカタログを選び、説得力のあるプレゼンテーションを行わなければならない。セールスコピー、売れた広告の事例、商品が必ず売れるという根拠、商品が紹介された記事など、カタログ通販会社のバイヤーが注目するようなものがあればどんなものでも用意する。カタログ通販会社に直接アプローチして、メールや電話でフォローアップしてもいいし、展示会などで紹介することもできる。また、カタログ通販会社への商品の紹介を専門にしている代理人や仲介業者のサービスを利用してもいいだろう。

カタログ通販会社を使うのとよく似たやり方で、クレジットカード会社が利用者に郵送する明細書に商品の広告を同封してもらう方法もある。これなら、6千万人のカード保有者にアプローチできる。こういった広告を受け入れている会社は、テキサコ、モービルなどの主要な石油会社、アメリカンエキスプレス、ダイナーズクラブ、ディスカバー、マスターカードやＶＩＳＡカード、全国チェーンのデパートやアパレル会社などだ。カタログ通販会社と同じく、商品を卸売価格で買ってもらい、宣伝や販売も委託できるので、経費を使う必要がなく、リスクがない。

最近では、フィットネス器具の広告が、マラソン石油（Marathon Oil）のクレジットカードの明細書に同封されていた。食料品を節約するためのビデオが、アモコ（Amoco＝The American Oil Company）を通して販売された。ダンスがうまくなるビデオも同じアモコが売った。ＴＶショッピングにも登場した健康器具の商品の広告も、老舗ファッションブランドの明細書に同封されていた。サイマスターの広告にいたっては多くの会社の明細書に同封されている。

お金を稼ぐためには、自己資金を投じてリスクを負わなければいけないという決まりはない。売れた実績のある評判のよい商品を持っていて、さらに売れるという裏付けがあれば、それはすでに〝財産〟と言っていい。販売・流通部門での〝財産（顧客情報や得意客、カタログや広告媒体）〟を持つ者は、あなたが彼らを必要とする以上に、あなたの持つ〝財産（商品）〟を必要としている。

成功のポイント㉕

自分の商品を他人に売ってもらう

◪ダイレクト・マーケティング業界事情

次の発行部数を見て、仮にこれらの媒体の1つで商品が売れたら、どんなことが起こるか想像してほしい。

『モダン・マチュリティ（2千200万部以上）』『TVガイド（1千500万部以上）』『ベター・ホームズ&ガーデンズ（800万部）』『ポピュラー・サイエンス（200万部）』『ベジタリアン・タイムズ（20万部以上）』『モーターホーム（14万部以上）』、また『USAトゥディ』ならどうだろう？

「わずか0・1％の購読者からの注文で、ぼろ儲けできるはずだ」——経験の浅い通販起業家の多くはそう考えるが、これまでに何度も厳しい現実を思い知らされてきた。

商品やその価格、広告の内容以上に大切なことがある。それは、媒体の広告枠をどのように、いくらで買うかということだ。繰り返し広告を出し、成功している通販業の広告主は、通常価格で示される広告料を支払ってはいない。新規参入者が正規の広告料を支払えば、すぐに破産してしまうだろう。

よく見かける雑誌に電話して広告を出したいと言うと、たいていは、通常価格を提示される。割引があるとしても代理店向けに15％引き、現金払いなら2％引き、複数の広告枠を買うことで10％引きなどわずかなものだ。自分ならうまく交渉できると思うかもしれないが、いくらがんばっても自分で払える額には程遠いものだろう。

通販業で儲けるためには、通常価格の50～70％引きで広告枠を買うべきだ。しかし、出版社の多くは、それほどの割引率を個人の広告主に適用しない。

一方で、売れ残りの広告枠やキャンセルされた広告枠をすべて買い取ることで、その出版物の収益の一部を保証するという契約を独占的に行い、通常価格の80％引きで広告枠をまとめ買いする者たちがいる。このようなまとめ買いをするグループの存在は、私のようなダイレクト・マーケティングのプロフェッショナルの間では公然の秘密となっているが、自分のクライアントをまとめ買いをする者たちに紹介するのが常だ。

一方、業界紙や専門誌、週刊誌やタウン誌、団体出版物のような、マイナーな出版物の多くは、個人でも大幅な割引交渉が可能だ。たとえば、雑誌にうまく全面広告を掲載させている友人がいる。彼は、30の雑誌をターゲットに、通常の全面広告料金の20％分にあたる小切手と、次のようなレターを同封して送っている。

「同封の弊社の広告と小切手をお受け取りいただき、次号を含め3号分で広告枠の売れ残りが発生した場合、弊社の広告を掲載していただきたくお願いいいたします。掲載いただければ、小切手を換金願います。3ヵ月以内に、広告掲載が不可能な場合は、お手数ですが、小切手を同封の返信用封筒にて、ご返送いただきたくお願い申し上げます」

毎月、30のうち5～6誌が、この提案に乗ってくる。電話で直接、対案を示して交渉してくる出版社もある。

交渉は回を重ねるごとに容易になる。1つの雑誌で広告を繰り返し掲載すると、競合誌の代理人やマイナーな雑誌のオーナーの目に留まる。そうなれば、こちらの言い値で交渉することも可能だ。「掲載を考えている雑誌はたくさんあって、他の媒体から50～60％引きの価格を提案されている」「他社には広告掲載後、注文があるごとに歩合で広告代を支払っている」という交渉が可能になる。

十分に利益を出せる企画や商品、広告があるのに、どれほど多くの人々が、媒体を次々に変えて広告を出し、お金を使い果たし、企画に見切りをつけてきたか、計り知れない。広告にお金を使いすぎてはいけないのだ。

これは、全米でもトップクラスの交渉の達人であるチェスター・キャラスがよく使うキャッチコピーだ。

〝人生では報われないこともあるが、交渉したことは報われるだろう〟

広告業は自動車産業と異なり、料金設定がまちまちで、割引スケジュールや紛らわしい専門用語もあり、最低価格がわからないようになっている。しかし、そのような業界だからこそ、広告主は料金の交渉ができるというメリットがある。

成功のポイント㉖

賢く買えなければ、売るのがうまくても儲からない

◪ダイレクト・マーケティングを始めるにあたり決めておくべきこと

通販業で事業を立ち上げるなら、事前に決めておくべきことがいくつかある。

まず、はじめに決めておかなければならないことは、**ワンステップ広告にするか、マルチステップ広告にするか**である。

ワンステップ広告とは、ジョー・シュガーマンがＪＳ＆Ａで行った最もシンプルな方法で、最初から直接、広告で商品を販売し、いきなり利益を上げようというものだ。

一方、マルチステップ広告とは、最初の広告では、本やレポート、小冊子やビデオ、カタログなど何かを無料で提供し（このような手法を「リード・ジェネレーション広告」と呼ぶ）、その広告に続いて、数回のメール、場合によっては、電話営業も行い、販売につなげて利益を上げるものだ。これは、通販業としては最大手の1つとなっているノーディック・トラック社が行った方法だ。

どちらの方法にも長所と短所がある。取り扱っている商品や広告媒体、見込み市場を考慮して、どちらの方法が効果的か注意深く調べる必要がある。一般的には、リード・ジェネレーション広告つまりマルチステップでフォローしていくほうが、ワンステップ広告よりも成功するといわれている。もちろん、ワンステップ広告のほうが、簡単にできる。

さらに、私が実践して、かなり稼いだ複合的なアプローチで、「セルフリキデーション」（監訳者注：ある商品を購入することを前提に、その費用の一部を消費者が支払うことでプレミアム景品を取得することができる仕組み。「セルリキ」とも呼ばれる）とか、「ゼロ・コスト・リード・ジェネレーション」と呼んでいる方法がある。この方法では、最初の広告でとても低価格のものを提供する。目的は、無料の提供物ならどんなものにでも応募する質の悪い申込者を排除し、広告費の無駄を省くことにある。

「セルリキ」のわかりやすい例を挙げよう。ある会社は、600ドルもする通信講座を販売していたが、その通信講座そのものの広告を出したことは一度もない。その代わりに、すべての広告費を、わずか価格19ドルの入門書を売るために投じていた。その入門書には役立つ情報と、通信講座の販売につなげるための長文の宣伝を載せている。

この19ドルのうち、印刷と送料にかかるコストは2ドルだけで、残りの17ドルはすべて広告費に当てられていた。会社の実質利益は、通信講座の売上だけである。

続いて、決めておかなければならないのは、**フロントエンドを重視するか、バックエンドを重視するかである。**

フロントエンド、つまり顧客への初回販売で売上を上げることがだんだん難しくなっている。ダイレクト・マーケティングで何百万ドルもを稼いでいる人の大部分は、長期にわたり何度も商品を購入してくれる顧客を握っている。私がＴＣＶ（Total Customer Value）と呼んでいる「総顧客価値（トータル・カスタマー・バリュー）」で利益を上げているのだ。

もし、手掛けたビジネスを一発屋として終わらせたくないならば、どのように商品ラインを開発し広げていくのか、また、顧客との継続的なコミュニケーションの取り方を検討しなくてはならない。言い換えれば、最初の商品と、その販売の先にあるものを、戦略的に考えておく必要があるということだ。

【監訳者補足】

ダン・ケネディは「トータル・カスタマー・バリュー」を高める方法を他の著書で4つ述べている。参考までに紹介しておく。

①注文や購入サイズを増やす

②リピート購入頻度を増やす

③既存顧客により多くの商品やサービスを提供する

④既存客に友人や知り合いや同僚などを連れてきてもらう

（出典：『The Ultimate Marketing Plan: Find Your Most Promotable Competitive Edge, Turn It into a Powerful Marketing Message, and Deliver It to the Right Prospects』 Adams Media Corp）

◪通販業でビジネスを構築した古典的な事例

賢明な通販起業家、ジェラアド・ジョフィーは、自分の販売手法を著者『How You Too Can Make at Least One Million Dollars in the Mail-Order Business（通販ビジネスで最低100万ドル稼ぐ方法）』で惜しみなく公開している。

ジョフィーの最初のビジネスは、1970年代に誰でも知っていた『ハーバーヒルズ』だ。

ハーバーヒルズは、ジョフィーが厳選したキッチン用品や家庭用品、旅行用品や電化製品、そしてオリジナル商品を、オリジナルカタログで巧みなキャッチコピーを使い宣伝した。彼は、先述の「セルフリキデーション」広告手法で大量の顧客を獲得したのだ。

代表的な商品は、『マック・ザ・ナイフ』という多目的ナイフだ。このナイフはニューヨーカーなどの雑誌広告で、たったの1ドルで販売された。その際、中心となった広告は、縦に細長い広告枠全体に、ナイフが立った写真を配置し、次のコピーを付けたものだった。

縁起をかつぎますか?

どうしても新しい友人が欲しいので、
バルカン・アートの傑作『マック・ザ・ナイフ』を
トラックいっぱい分、無料で提供することにしました。
キャンプ旅行の自称エキスパートたちは、
家庭や、キッチン、車のダッシュボードの中にある
多目的ナイフ『マック・ザ・ナイフ』を

〝ナイフ・オブ・ザ・イヤー〟にノミネートしました。

しかし、悲しいことに、我々のこの気前のよい試みに対して、「ただでナイフをあげるなんて、ひどく縁起の悪いことだ」と、差し出がましい主張をする迷信的な人々の中傷があったのです。

そこで、始まったばかりの友情を殺さないためにも（憎悪の批判を避けるためにも）、ちょっとだけお金をいただくことにしました。

仕方なく、『マック・ザ・ナイフ』に1ドルの値段をつけることにしました（ただし、『マック・ザ・ナイフ』のカタログ表示価格は4・95ドルです）。

ただし、この1ドルで『マック・ザ・ナイフ』を購入されたお客さまには、フルカラーのカタログと2ドルのギフト券を差し上げます（初回購入の特典です）。

こんなことあり得ないと思われるでしょう。たしかにおっしゃる通りです。

弊社の会計担当が休暇から戻り、我々がきつく叱られる前に、ぜひ、このチャンスを活かしてください。

ナイフは一度に大量に仕入れたので、1本あたりの仕入価格は35セント。納品に関わる諸費用として1本につき25セントかかったが、1本あたり40セントの儲けを広告費に回すことができた。つまり、ほとんどすべての広告費を、ナイフの売上から捻出することができたので、何千人という新規顧客を、実質ノーコストで獲得したことになる。この戦略でどんどん顧客が増え、戦略を実行し始めてからわずか5年で、タイム社に100万ドルで売却できるまでに同事業は成長した。

もちろん1ドルで見込み客を集め続けられる期間は長くは続かない。また、このような戦略にかかる費用も、ジョフィーの成功からここ20年の間に増加し続けている。しかし、戦略そのものは、無限に応用できることに変わりはない。初回購入で満足した顧客は、さらに購入を繰り返してくれる。**つまり、初回販売の利益分くらいは、新規顧客獲得のために投資してもよいということだ。**

私のクライアントで、新規顧客の約4分の1を99ドルの商品を売ることで獲得した会社がある。初回購入の後に、ダイレクトメールでフォローして新たな売上につなげていくのだが、99ドルの価格のうち、広告費が55ドル、製造原価が35ドル、クレジットカード決済費が3ドル、その他諸経費が1ドルだ。合わせると94ドルになる。つまり利益はわずか5ドルしかない。

しかし、仮にそのわずかな利益さえなかったとしても彼は平然としているだろう。なぜなら新規顧客の50％近くが、6ヵ月以内に400ドル〜800ドルの商品を購入するからだ。利益はこれで十分もたらされる。そのため、彼の会社の最も重要な仕事は、99ドルの商品で新規顧客を可能な限り多く集めることとなっている。あらゆる方法で、場合によっては、5ドルの利益など出さなくても、99ドルすべてをそのために使ってもいいのだ。

成功のポイント㉗

お客を無料で集め続けられる方法を考え出せ

ダイレクト・マーケティング・ビジネスの究極の目標は？

「自分のカタログを持つこと」――おそらくそうだろう。多くの企業は、起業家が1つか2つの商品を宣伝、販売することから始まる。そして顧客が増えると、商品ラインナップを増やし、顧客に関連商品や新しい商品を提供する。程なく、すべての商品を1冊のカタログにまとめることを決めるのだ。

リチャード・タールハイマーがシャーパー・イメージ社を設立したとき、商品はジョギング用の腕時計とストップウォッチだけだった。リリアン バーノン社はモノグラム・ハンドバッグとトートバッグを雑誌で宣伝することから始めた。テッド・ニコラスは、『弁護士の手を借りずに会社を設立する方法（How to Form Your Own Corporation Without a Lawyer）』という自著を販売することで出版事業を開始した。こういった例は枚挙にいとまがない。

自社商品のカタログを作り、発送することの利点は、1つの商品を売るためだけにメールを送るより、多くの商品をまとめて売ったほうが、スケールメリットがあり、効率もよくシンプルなことだ。私が毎年カタログを出すのは、まさにこの理由からだ。しかし、そういった理由は、〝怠惰なもの〟だと注意しておこう。ゲーリー・ハルバートが最初のカタログを出したときの経験談を、彼の許可をもらって引用する。

「何年も前、家紋ビジネスを軌道に乗せたデニス・ハスリンガーと私は、カタログを作ることにした。これはよいアイデアで、自然な流れだと思った。我々のフロントエンド商品は、顧客の苗字の歴史を遡り、記録されている最古の家紋を羊皮紙に印刷したものだ。『家紋調査レポート』は、苗字が生まれた歴史を簡単に記載してある。そして、この安価な短いレポートを買った人々の多くは、必然的に、さらに興味をかき立てられ、色とりどりの本物の家紋をあしらった商品――壁額、陶器製の皿やカップ、グラスやナプキン、文房具など――についても、見てみたくなるのではないかと考えた。

さっそく私は南オハイオの森にこもった。キャンプ生活をして、カタログを作ったのだ。何度も何度も作り直し、最終的に光沢紙にフルカラー印刷した素晴らしいカタログができあがった。私の3人の幼い息子たちが実際に商品を使っている写真を使用し、それぞれの顧客の家紋に合わせて特注できる約70品目の商品を掲載した。

こうしてできあがったカタログを、大量に顧客に送ったが、結果は大失敗だった。カタログの製作費すらまかなえなかった。

そこで、注文の少なかった商品をすべて削除して、もっと小さなカタログか、シンプルなパンフレットにして送れば、どんな結果になるだろうかと考えた。調べてみると、70品目のうち、わずか3品目が売上の大部分を占めていた。その他の商品はほとんど売れていないというわけだ。ちなみに、この3商品はすべて壁額だった。そこで、この3つの額だけを掲載したシンプルなカラー印刷のパンフレットを作った。

結果は、大成功とはいえなかった。顧客リストのすべての人に、このパンフレットを送ると、かろうじて元がとれた。しかし、これで正しい方向に向かっていることを確信した。次の試みとして、一番売れた額のカラー写真を撮り、親展扱いで、写真とセールスレターを同封し、顧客に送った。これで何百万ドルも利益が上がった。

この経験から言えるのは、カタログ通販会社は、カタログだけはたくさん送るが、シンプルな手紙を送っていないために売上が伸びないところが多いということだ。エド・メイヤー（ダイレクトメールの勝利者）に、この話をすると、「カタログ会社がカタログを送らずに、一番売れている商品のダイレクトメール・プロモーションを行えば、もっと売れる可能性があるということだな」と言った。

私は、カタログの送付を止めろと言っているわけではない。自分たちのカタログは、情報が集まった〝武器〟であると認識すべきだと言いたいのだ。

たとえば、来年、３００万冊のカタログの送付を予定している大きな通販業者があるとする。私なら、はじめに３００万冊ではなく、30万冊のカタログを送り、その反応を分析してから、よく売れた商品だけを選び、それぞれの商品に説明を付けたシンプルなパンフレットとセールスレターを作る。そして、３週間おきに、個別のダイレクトメール・プロモーションを行う。

私自身は怠慢で、利益が上がるとわかってはいるが忙しいのも手伝って、自分のビジネスではこの方法をとっていない。しかし、経験上、ゲーリーの見解は正しいと思う。ゲーリーが辞めた後も同社はカタログを使って利益を上げたが、彼が考えた単独のメール戦略も併用している。

つまり、カタログは、万能薬でもなければ、究極の目標でもないということだ。むしろ、**数多くある武器の中の1つ**と考えるべきで、最高の売上を上げたいなら、全面的に当てにはせず、タイミングよく特定の目的に使うべきだ。

◪「今さら通販で成功なんて無理」と言われたら、「鳥に聞いてみたら?」と答えよう

1990年、不況の真っ只中、ピーター・ドイチュとキャロル・カーティスは、鳥を飼っている人をターゲットにカタログ通販会社、クリエイティブ・バード・アクセサリーズ社を始めた。当時、キャロルは、学校の保健室の先生で、ピーターの経営する家具販売会社は会社更生法を適用され再建中だった。

こんな2人がペット業界の調査をしたところ、全米で5千200万羽の鳥がペットとして飼われていて、バード・トーク誌だけで17万5千人の読者がいて、鳥を飼っている人たちの協会やコンベンションがあることがわかった。

ピーターは、鳥の糞をキャッチする大きな袋が付いた『ショルダー・パーティー(人間の肩につける鳥のとまり木)』を考案した。1990年の秋、2人がショルダー・パーティーの広告をバード・トーク誌に初めて掲載したところ、製造が追いつかないほど売れた。

1991年、キャロルは学校を辞め、2人で作った6ページのミニ・カタログを5千人

に発送した。その大部分はショルダー・パーティーの購入者だ。まもなくカタログは20ページになり、メーリング・リストは2万人近くになった。1994年、売上は20万ドルに達したが、2人は相変わらず、自宅を拠点に非常に限られた資金で運営している。

このように、ダイレクト・マーケティング業界には、やる気のある起業家がゼロから始めて、短期間でかなりの成功を収めるチャンスがまだたくさんあるのだ。

ダイレクトメールでお金を稼ぐシステムを手に入れるために必要な3要素

要素❶ リスト

まず、商品やサービスにあった見込み客リストが必要だ。見込み客リストの質には順位がある。最も質が高いのは、すでに購入歴があり、その商品に満足していて、これから新商品を勧めたい顧客のリストだ。次に質が高いのは、興味を示してくれた人、つまり商品の広告に反応してくれた人のリストだ。3番目は、市販のリストで、関連商品を過去に購入したことのある人たちのもの。最後に、年齢や職業、年収などの属性ごとにまとめられた市販のリストがくる。

コピー・ライティングやダイレクト・マーケティング資材の制作を生業としている私でさえ、キャンペーンの成功と失敗を分ける要因の少なくとも半分は、広告の内容ではなく、見込み客リストの質であることを認めざるをえない。さらに言えば、どんなにまずいセールスレターでも、質の高いリストを使えば、それなりの結果が出る。反対に、最高にうまく書かれたセールスレターでも、質の悪いリストを使えば失敗するだろう。

ついでながら、ほとんどの会社は、顧客リストを十分に活用していないといえる。私はコンサルタントとして、購入者リストを使い、より多くの広告を頻繁に送るようクライアントに勧めているが、その結果だけでクライアントは満足してくれることが多い。

要素② オファー

ダイレクト・マーケティングにおいて、〝オファー〟とは、魅力ある商品やサービス、割引、賞品やおまけ、特別な保証など、**すぐにも反応したくなる動機になるもの**だ。よく「〜が手に入ります」というふうに表現される。当然のことだが、オファーは魅力的であればあるほどよい。

要素③ 郵送物

郵送するものは、シンプルな葉書からチラシ、高価な総合カタログまで様々だ。私の場合はもっぱらセールスレターに頼っている。ダイレクトメール販売の初心者は、複雑で高価なものを送る前に、セールスレターを使いこなせるようになるのがいいだろう。

自著に効果的なセールスレターを書くための28ステップをまとめた『The Ultimate Sales Lette』（邦訳『究極のセールスレター』東洋経済新報社）という本がある。同書に従ってレターを書けば、誰でもうまく書けるはずだ。ここでは、セールスレターについて知っておくべき重要なことをいくつか述べよう。

大方の人の予想に反して、レターは短いものより長いもののほうが、はるかによい結果を出す。私の場合、8～32ページの長さのものを送るのが普通だ。自分の知ってほしいことを徹底的に説得力のある形で書くようにする。あらかじめ決まった長さにまとめる必要はない。レターが長くて失敗するのは、内容が退屈な場合だけだ。レターは、自分の人柄や商品に対する情熱を映し出すもので、友人に語りかけるように書くことだ。

また、対面販売でのシンプルで堅実なやり方が、セールスレターにも通用する。たとえば、ＡＩＤＡの法則（Attention／注意、Interest／関心、Desire／欲求、call to Action／行動要請）や、「問題提起をして、問題意識を高め、解決策を示す」というやり方だ。

セールスレターを書いたことのない人は、自分が受け取るセールスレターを研究することから始めればいい。図書館や書店には、セールスに関する良書と同様、セールスレターに関する良書が溢れている。まだ自信がないのにセールスレターを書く必要がある場合は、とりあえずプロのコピーライターを雇えばいい。

チラシやパンフレット、顧客の声、商品の掲載記事のコピー、注文書をセールスレターに同封してもよい。注文書をレターに組み込むか、別にするかは重要な問題だ。注文書には注文方法を明記する。さらに、オファーの要約を書くとよいだろう。

◪電話をかけるだけで反響率は飛躍的に向上する

ダイレクトメールを送るだけでなく、その後、電話でフォローアップを行うことで、飛躍的にレスポンス率を上げ、さらに顧客との直接的な関係づくりを行うダイレクト・マーケターが増えてきた。

ダイレクトメールのレスポンス率はふつう1~3%だが、対象を既存客に絞った場合、7~10%に上がる。また、ダイレクトメール後、フォローアップの電話をすれば、1~3%だったレスポンス率が、15~18%になることも珍しくない。さらに、対象を既存客に絞り、ダイレクトメールと電話を組み合わせたキャンペーンを行えば、レスポンス率を30~35%にまで向上させることができる。

私がお勧めするテレマーケティング会社はインフォ・シジョンである。インフォ・シジョン社は、国内でも有数のアウトバウンド・テレマーケティング会社で、「リレーションシップ・コール（監訳者注：顧客との良好な関係を築くことで、長期間にわたって取引を継続しようとするテレマーケティング）」を行うことに特化している。

「リレーションシップ・コール」には約束が2つある。第1は、相手かまわずの〝売り込み電話〟をしないこと。つまり、すでに何らかの関係がある相手だけに電話をかける。最低でも何らかの広告に反応を示してくれた人に電話するのだ。第2は、押しつけがましい営業や、相手との関係が悪くなるような電話はしないこと。これはとても理にかなったやり方である。

◪アウトバウンド・テレマーケティングで、瞬く間に250万ドル稼いだメーカーの話

『イージー・グライダー』は、TVコマーシャルやインフォマーシャルなどで宣伝されている低コストで作られた有酸素運動用スキー・マシーンだ。通常わずか59・95ドルで販売されている。この商品のメーカーは、イージー・グライダーをさらに頑丈に改良した『フィット・ワン』という商品を作り、400ドルで販売を始めた。イージー・グライダーの購入者は60万人いる。彼らはフィットネス器具に関心が高いので、フィット・ワンの最優良見込み客になるに違いないとメーカーは考えた。

このメーカーのマーケティング戦略作りにインフォ・シジョン社が協力した。まず、イ

ージー・グライダーの購入者に、フィット・ワンの効果を謳ったダイレクトメールを送る。その後、電話をかけ、フィット・ワンを購入すれば、イージー・グライダーの購入代金59・95ドル分を割り引く（イージー・グライダーの下取り割引）という提案をするのだ。

この戦略で、フィット・ワンは、またたく間に約250万ドルを売り上げた。おそらく他の方法ではこんなことは実現できなかっただろう。

◪ゴルフスイングシステム販売のためのテレマーケティング戦略

インフォ・シジョンの成功したテレマーケティングの例をもう1つ挙げよう。

スポーツ・サイエンス社は『プロ・スイング・システム』の製造販売を行う会社だ。プロ・スイング・システムはコンピューター化されたゴルフ・スイング解析装置で、ライト・ビームとセンサーを使い、正しいスウィングのフィードバックを作り出す。この装置は300ドルもの価格で販売され、『アクセス・リンクス』というソフトウエア上で起動する。

スポーツ・サイエンス社は、アクセス・リンクスの所有者リストを手に入れ、彼らにプロ・スイング・システムの資料を送付した。インフォ・シジョン社は、その資料が届いた頃を見計らい、テレマーケティングの電話をかける。電話をかけるテレマーケターは、販売する商品に心から惹かれる者に担当させる。これはインフォ・シジョン社の丸秘戦略の

1つだ。この場合、ゴルフ好きで、コンピューターにも詳しい人材だけを配置する。彼らなら、見込み客と考えが近く、話の合う可能性が高いからだ。

さらに、このソフトを購入した人の多くは、技術向上目的だけでなく、娯楽目的でもあることがわかっていたので、電話でのセールストークは、ゴルフスィングの矯正だけでなく、最新のコンピューターゲームとしても使える商品であることを強調した。

このように入念に作り上げたテレマーケティングによる販売戦略のおかげで、アクセスリンク所有者の5％以上がスポーツ・サイエンス社の顧客となり、50万ドル以上の利益を生み出した。同時に、スポーツ・サイエンス社は、さらに新しい商品やサービスを提案できる顧客リストを手に入れたことになる。

◪ダイレクト・マーケティングの新分野

最近、ＴＶショッピングや、ＴＶやラジオのインフォマーシャルなどでダイレクト・マーケティングを行う動きが活発になってきている。これらについては次章で述べる。

１９９０年代、新規顧客の獲得コストが急増した。そのため、ダイレクトマーケターは、既存客や見込み客への販売やコミュニケーションを取るのに、１つ２つの方法だけに頼ってはいられなくなった。代わりに、様々なオプションから慎重にアプローチ方法を選び、テストをして、商品や会社や顧客ごとにベストな方法を編み出していくという、多角的なやり方が不可欠になっている。

成功のポイント㉘

多角的なマーケティングで、トータル・カスタマー・バリューを最大限に高めよ！

第8章

最速で億を稼ぐテレビショッピングの威力とは？

夕方のセミナーで3時間の講演を終え、シカゴのホテルの部屋に戻った私は、うたた寝をしてしまった。目覚めると午前1時15分だった。テレビをつけると、11チャンネルのうち、5つのチャンネルで「インフォマーシャル」（※）が放映されていた。この5つのうち3つが私の関わったものだ。1つは、私がクライアントのためにプロデュースしたもので、あとの2つは、私がコンサルティングをしている企業のものだ。私はこのうちの2つからロイヤリティ収入を得ている。それら放送されていた15分間に、私は寝ながらお金を稼いでいたことになる。

【監訳者補足】
（※）**インフォマーシャル（infomercial）**
1980年代にアメリカで生まれた番組仕立てのテレビショッピング。日本では

1994年にテレビ東京系列の番組で初めて放送された。1つの商品を様々な角度から繰り返し紹介するのが主な特徴。有名なものは、2007年に日本でも大ヒットしたエクササイズDVD『ビリーズブートキャンプ』など。

〈参考：テレビショッピングの主な形態（日本のケース）〉
大きく4つに分類される。
①テレビショッピング専門チャンネル（24時間放送、ジュピターショップチャンネル、QVCジャパンなど）
②番組型ホームショッピング（30～60分放送。タレント＋商品紹介者がスタジオ出演）
③インフォマーシャル（約14分～29分放送。3～4分程度の短尺タイプもある。）
④スポットCM（60秒～120秒放送。3分を超えるものもある）

◪テレビの信じられない力

どういうわけか、早朝に寝ぼけ眼で、テレビのリモコンを置いて電話を取り、次のようなものを注文する人たちがいる。ヴィクトリア・プリンシパルのスキンケア用品、アントレプレナー・マガジンの『Be You Own Boss System（自分自身を自分のボスにするシステム／私が共著者になっている）』、歯のホワイトニング用品、ビック・グリーン・クリーン・マシーン、エクササイズ器具、カーワックス、ダイエット食品、教育教材、ハゲ頭用のスプレー塗料、中華鍋。急増する起業家たちは、こうした人たちのおかげで富を作れる。

私の長年のクライアントであるガシーレンカー社（監訳者注：１９８８年、ビル・ガシーとグレッグ・レンカーの２人で設立された世界最大手のダイレクト・マーケティング会社の１つ）は、次の３つの理由から興味深いケーススタディといえる。①インフォマーシャルがビジネスの原動力となっている。②主要なビジネスの中から巧みに新たなビジネスを展開している。③人の関心を引くマネージメント哲学がある。

１９７８年、ビル・ガシーは会議やセミナー、講演を録音した音声教材を製作する会社を立ち上げた。ガシーは、中古や新品の装置を買ったり借りたり、譲り受けたりして手に入れ、自宅で事業を始めた。彼は漠然と、このような音声教材の市場が大きくなり、また、この業界で最も大きな会社を作ることができると信じていた。

この会社が現在のカセット・プロダクションズ・アンリミテッド社（ＣＰＵ）だ。ＣＰＵは今や、西海岸と東海岸に最新技術を完備した工場を所有する業界最大手であり、インフォマーシャル業界でも音声教材の製造メーカーとしては大手となっている。オーディオブック・メーカーのオーディオ・ルネッサンス社は、ＣＰＵ傘下の企業だ。書店のオーディオブック・コーナーやオーディオブック専門店の拡大とともに、この会社も成長が見込まれている。

すでに成功している事例を研究して新しいチャンスをつかむ

ＴＶショッピングの黎明期である１９８０年代前半、ビル・ガシーは何百万個の視聴覚教材を生産する過程で、利幅の少ない製造業よりも、商品流通の末端に位置する利幅の大きい小売業に興味を抱くようになった。彼は１本のカセットテープ教材を製造して20セントを儲けるが、その商品が末端消費者に販売される時、価格は９ドルから15ドルになっている。製造コストは１ドル以下にもかかわらずだ。

１９８６年、ビルは、ナポレオン・ヒル博士の有名な『思考は現実化する（Think and Grow Rich）』などの作品の視聴覚教材の権利を取得した。この過程でビルはグレッグ・レンカーに出会った。グレッグは当時、インディアン・ウェルズ・カリフォルニア・ラケットクラブのマーケティング・ディレクターをしていた。ビルは、グレッグが自分と同じようにＴＶショッピング業界に対する強い興味や、ナポレオン・ヒル博士の哲学に傾倒していることを知った。さらに、グレッグには生来のマーケティングセンスがあり、人脈も豊富で、資金を集める力もあることがわかった。

２人は、『思考は現実化する』のインフォマーシャルを制作し、１９８７年に頻繁に放送した。続いて、同商品の第2弾を1988年に放送。いずれも大売れして、当時のインフォマーシャルビジネスでは、大ヒットとなる1千万ドル以上の売上となった。

TV番組の制作もTVコマーシャルの経験もまったくなかった2人だったが、すでにインフォマーシャルの成功事例はたくさんあったため、そこから成功法則を学んだ。また、アピールの仕方や信憑性の高め方については彼ら独自のアイデアがあったので、当初から2人は好印象を与える、洗練されたインフォマーシャルを作ることができたのだ。

有名人をコマーシャルの進行役として起用したのは、『思考は現実化する』が最初だ。起用された司会者はフラン・ターケントンだった。また、実際に商品を使った有名人が、商品の推薦をするのも初めての試みだった。ちなみに、体験者として証言したのは、ドミノピザ社長のトム・モナハン、メアリー・ケイ化粧品のメアリー・ケイ社長などだ。

私は、幸運にも、偶然の出会いからインフォマーシャルビジネスに関わることになった。2人に出会ったのは、ある会社をCPUに売却したときだ。ビルが『思考は現実化する②』をどのように改良すればもっと売れるようになるかと尋ねてきた。私は2人のコンサルタントとなり、売上を向上させた。それ以来、彼らのコンサルティングをしている（『思考は現実化する』の場合、オファーを見直し、コストを2ドル増やして、販売価格を50ドル引き上げた。そうすると何万セットも売れた。私のほんの少しアドバイスで、利幅が上がったので、ガシーレンカー社の金庫にどさっと50万ドルが舞い込んだというわけだ。2人は私と手を組み、私はテレビと手を組んだ)。

ガシーレンカー社は、たった数年で、1千万ドル企業から1億ドル企業に急成長して、本書を執筆中にも、さらに成長を続けている。

100万ドルを2日で稼ぎだす

1984年、レーガン大統領が推進した規制緩和により、連邦通信委員会は、コマーシャル放送時間の制限撤廃を余儀なくされ、放送局はコマーシャル用に無制限に放送枠を売れるようになった。

同年、フェニックスでカリスマ講演家のポール・サイモンを招き「不動産で豊かになる」というセミナーを開催していたレイ・リンドストロームは、セミナー集客コストが増加している一方、参加者が減少していることに気づき、解決策を血眼で探していた。

レイは思いつきで撮影スタッフを呼び、セミナーの1つを録画した。そして、2つのケーブルTV放送局の1時間の放送枠をいくつも購入し、これを放送した。視聴者がフリーダイヤルでサイモンの不動産投資セミナーの視聴覚コースを購入するか試してみたのだ。

今見ると、この番組の出来栄えは、まったく原始的というしかない。薄暗い照明のホテルの一室で、サイモンが少数の参加者を前にOHPを使い、手書きのスライドを見せながら、たんたんと話をしているだけのものだ。ところが、放送を開始した週末に、この視聴覚コースの売上は100万ドル近くになったのだ。ちなみに、放送枠の値段は8ドル以下だった。

1985年、レイとパートナーのナンシー・ラングストンは3000時間、金額にして800万ドルものケーブルテレビの放送枠を購入し、サイモンの視聴覚コースを販売して、2千100万ドル以上を稼ぎ出した。ハリウッド・レポーター誌はこれを、「不動産で儲けた人の数はそれほど増えなかったが、リンドストームとラングストンは通信講座教材の業界のトップマーケッターになった。そして、これを真似する人が現れた」と、皮肉っぽく報道した。実際、模倣者が急増した。

初期のインフォマーシャルの実情

初期のインフォマーシャル業界には、一攫千金を狙う輩や、しばしばFDA（米国食品医薬局）の槍玉に挙げられるようなあやしい健康器具や薬、役立ちそうもない装置の販売業者などばかりがいた。これらの商品をTVで紹介するのは、その発明者や著者、無名の司会者や年老いた芸能人だった。そして、商品がどんなものであれ、うまくいったものだ。

放送の時間枠は驚くほど安かった。放送局やネットワークはこの風変わりな業者たちが、莫大な利益を上げていることに長い間気づかず、真夜中に誰も見たがらないような10年前の番組の再放送をお金をかけて流すより、その時間枠からお金が入ることに満足していた。不眠症の視聴者たちは、こういった新しいTV番組に魅せられ、批評家の言葉を借りて言うと、罠にはまった。

放送コストが安かったため、多くの業者がインフォマーシャルに参入し、一夜の放送だけで何百万ドルも稼いだ。そして、このビジネス全体は怪しいものを売るワゴン販売のTV版のように捉えられていた。しかし、3つの大きな力が働き、業界に急激な変化が起きた。

第1は、1989年頃から批評家や、FDAやFTC（米国連邦取引委員会）のような監督規制当局、また、一部の下院議員がインフォマーシャル業界を調査監視し始め、調査結果を好ましく思わなかったこと。

第2は、将来的なビジョンを持っている人々が経営する、かなり大きな企業が少数だが存在したこと。とりわけガシーレンカー社は誇張広告がなく、高品質で、誠実な保証の付いた商品を提供するクオリティの高いインフォマーシャルで成功し続けていた。

第3は、放送媒体のコストが高騰し始めたことだ。

1990年、グレッグ・レンカーは、インフォマーシャル企業の経営者とプロデューサーを率いて、全国インフォマーシャル・マーケティング協会（ＮＩＭＡ）を設立した。この協会は、業界を自ら規制し、議会と放送業界にロビー活動を行う目的で作られたが、いずれの目的においても効果を上げている。

油断は禁物

現在、インフォマーシャルの平均的な制作費は最低８万ドル～25万ドル以上、さらにテスト費として１万５千ドル～３万ドルかかる。制作、テストを経て、全国のケーブルＴＶや全国放送、ローカル局で、何ヵ月も、場合によっては何年にもわたって繰り返し放送されることになる。私は、放送全期間で５千万ドル以上を売り上げたインフォマーシャルの仕事を多くこなしてきた。

しかし、リスクと放送枠の価格は急上昇していて、番組枠の獲得競争が激しくなっている。全体的に見れば、16のうち１つのインフォマーシャルだけが利益を上げている。残りの15はテスト段階でボツになり、完成後、ほんの数日から１週間で、損失として計上される。視聴者や購買者は、このような敗者には手厳しい拒否反応を示す。

もちろん、比較的成功しやすい商品やトピックもある。たとえば、ダイエット、スキンケア・美容、キッチン用品やお金儲けのチャンスなどは成功しやすいことがわかっている。

一方、防犯グッズのように、なにかを予防するようなものや、〝住宅ローンを早く払い終える方法〟や、定年退職に向けた投資情報など、成果がすぐに期待できないものは幾度となく試されたが、たいてい悲惨な結末を迎えている。

商品選択のみならず、商品開発やキャンペーン、インフォマーシャルの制作にどれだけ時間を割くかも成功の確率を決める要素だ。これらの要素をうまく組み合わせ、番組制作の専門家と、メディアの優秀なバイヤーと組めば、リスクは16分の1から4分の1程度まで抑えられる。

さらに、インフォマーシャルの収益構造の変化も重要だ。インフォマーシャルの多くは、初回放送は手っ取り早く儲けるためではなく（初回の放送だけでは損益なしか、わずかに利益があるだけ）、大量の顧客情報を一気に集める手段として使われている。実際の利益は、その後の放送による購入やリピート購入、ダイレクトメールやテレマーケティングなどの手段によって上げられる。このように、ただの金儲けの手段であったインフォマーシャルが、長期間生き残れる事業を構築するための魅力的な手段に変化したのだ。

ガシーレンカー社はこのトレンドを完璧につかんでいた。同社は『思考は現実化する』の後、インフォマーシャルの司会にフラン・ターケンソンや俳優のマーティン・シーンを起用し、トニー・ロビンスの『パーソナル・パワー』シリーズ第1弾を売り出し、大成功した。

『パーソナル・パワー』の顧客データベースは、それ自体がビジネスとなった。トニー・ロビンス関連商品や、『パワー・トーク』の定期購読プログラム、月刊カセットシリーズやセミナーなどが同じ顧客に売られた。この売り方がヒントとなり、**「バーティカル・ビジネス（vertical business）」**という成功モデルができた。これは、縦（vertical）方向のビジネスという意味で、具体的には、多くのお客を獲得していくのではなく、いったん顧客を獲得したら、そのお客に多くを売っていくという戦略である。現在、ガシーレンカー社が制作するインフォマーシャルの半数以上がこの戦略を用いている。

中でも、女優のヴィクトリア・プリンシパルを起用したプリンシパル・シークレットというスキンケア製品は、最も成功した例だ。ホームショッピングチャンネル（監訳者注：様々な商品を紹介するＴＶ通販番組。買いたいものがあれば自宅からその場で注文できる）のＱＶＣ（監訳者注：24時間ＴＶショッピングを放送する専門チャンネル。日本では、２００１年、ケーブルＴＶやSKY PerfecTV!を中心に放映開始）でヴィクトリア・プリンシパルの登場するインフォマーシャルを頻繁に流すと、７千５００万ドル以上の商品が売れた。しかし、さらに大きな利益は、顧客と長期的な関係を作ることにより生まれる。テレビではわずか６つの商品を販売するだけだが、全商品のラインナップは40もあり、新商品が常に開発されている。また、ビューティークラブの会員になると、自動的に隔月で商品が自宅に届き、季節ごとのキャンペーンやカタログも送付される。

ほとんどの通販やカタログ販売会社は、新規顧客を獲得するために、広告でお金を使い果たしている。彼らは顧客を買おうとしているようなものだ。しかし、インフォマーシャルなら、10万人、20万人、さらには50万人という新規顧客を、あっという間に取り込むことができる。生活必需品を販売するダイレクトメール販売の最大手のフィンガーハット社が、1992年にインフォマーシャル業界に参入した理由はここにある。

ガシーレンカー社は、有名人や人気パーソナリティを次々と起用して、「バーティカル・ビジネス」を構築した。その結果が、トニー・ロビンスやヴィクトリア・プリンシパル、ヴァンナ・ホワイト関連の事業だ。これは非常に効果的な戦略である。なぜなら、消費者は企業よりも、特定の個人に馴染んでくっ付きやすいからだ。とはいえ、バーティカル・ビジネスは、独自の商品ブランドや企業名、他にはない独自性があるものをベースに構築される。

成功のポイント㉙

バーティカル・ビジネスを構築する

◪インフォマーシャルビジネスへの参入方法と勝ち方

1つ目の参入方法は、商品を大手インフォマーシャル会社に売り込むことだ。彼らが喉から手が出るほど欲しがる、簡単には真似のできない商品を持っていれば、インフォマーシャル会社と売り手の関係は出版社と作家の関係と同じだ。

このような場合、インフォマーシャル会社は、すべてが売れたと仮定してロイヤリティを一括で支払ってくれることもある。商品の製造、テストマーケティングやインフォマーシャルの放送費用も支払ってくれる。さらに、バックエンド・ビジネスにおけるジョイントベンチャーの交渉、インフォマーシャルで獲得した顧客との継続的な関係を構築する手助けもしてくれる。事業全体をマネージメントしてくれたり、追加ロイヤルティを支払ってくれたりすることもある。

そのメリットは計り知れない。このような「親」がいれば、専門家の分析、戦略的な計画、プロの手によるコピーライティングや広告、潤沢な資金、有名人の司会者、フリーダイヤルの受注体制、クレジットカード決済、受注から入金までの管理、会計処理、ビジネスの管理、法務的な助言、放送局のバイヤーや番組枠、さらに、インフォマーシャル以外の販売手段（カタログ販売や他の通信販売、ショッピングチャンネルや小売店販売）などがノーリスクで手に入る。ちなみに、ガシーレンカー社がプロジェクトを始めるときは、通常、商品開発の専門家を2～3名、そして、一流のプロデューサーとそのチーム――脚本家、ダイレクト・マーケティング・コンサルタントを1～2名従事させる。

反対にデメリットは次の3つだ。①作家が出版社と契約する場合と同様、売り手はプロジェクトに関するすべての権限と、商品に関する一定の権限を失う。②ロイヤリティは総売上の約2～6％になるので、100万ドルの売上の場合、取り分は5万ドルに満たないこともある。③ほとんどの場合、インフォマーシャルで獲得した顧客の管理や売上を会社と共有することになる。

実は、このような自己資金をまったく使わない取引を成立させるのは、難しくなってきている。5年ほど前までは、インフォマーシャル会社が新しい商品を探し求めていたが、今は驚くほど買い手市場だ。だが、本当に魅力的な商品やアイデアがあれば、大手インフォマーシャル会社に、ロイヤルティでの取引契約を提案するのがいいだろう。

2つ目の参入方法は、インフォマーシャルやその事業を自己資金でプロデュースすることだ。このように独立の道を歩む理由はいくつもある。たとえば、インフォマーシャルで商品を売ることだけが目的でなく、自社で見込み客の情報も集めたい場合や、インフォマーシャル会社に商品を売り込んで断られたが、自分は売れると確信している（インフォマーシャル会社はしばしば間違いを犯す）場合、あるいはロイヤルティを得るより直接利益を得て利幅を増やしたい場合などは独立したほうがいい。

独立参入しても、市場に入り込む余地はまだまだある。USゴールド社（第6章参照）は、自社制作したインフォマーシャルを5年連続で放映し事業を築いた。また、私が支援した別の独立系インフォマーシャル会社も、2年半で6千万ドル以上を稼いだ。その会社で販売していた商品の開発者が、私が脚本を担当したインフォマーシャルに目をつけ、番組ごと買い取って放送した。その結果、数百万ドルを売り上げ、通販と小売業にも事業を拡大した。このオーナーはインフォマーシャルのおかげで、6ヵ月で大金持ちになったはずだ。

この業界で、私が一緒に仕事をしている人々の大半は、独立系事業者だ。本書を執筆する傍ら私が携わっている仕事は、世界規模の大手旅行会社のプロジェクトから、資金集めを終えたばかりの起業家のプロジェクトまで様々だが、我々のフリー・エンター・プライズシステム（政府からの規制がほとんどない体制）には、〝平等に賽《さい》を投げられる〟という素晴らしい伝統がある。このビジネスで成功する可能性は、誰もが同じに持っている。条件はみんな同じなのだ。

しかし、**最大のチャンスと儲けは、バックエンド・ビジネスにある**ことを忘れてはならない。私は常に、戦略、複数の商品ラインナップ、そして、顧客との継続的なビジネスを構築できる場合のみ、自分でインフォマーシャルを作ってもよいとアドバイスしている。

3つ目の参入方法は、インフォマーシャル業界に、請負業者として参入することだ。この業界には、ビデオ制作やクリエイティブ・サービス、印刷、出版、パッケージング、音声・映像の複写、多様な商品のプライベートレーベルの製造、テレマーケティングサービス、保険、パソコンやソフトウェアなど、何十億ドルという市場がある。

スピードが命の業界なので、充実したサービスと納期厳守を徹底して行える信頼できる業者なら、かなりの仕事を取れるはずだ。

4つ目に、ジョイント・ベンチャーやピギーバック・マーケティング（監訳者注：あるマーケティング目的のキャンペーンに便乗して行う別の目的のマーケティング活動）、パラサイト・マーケティング（寄生するマーケティング）、また流通業として参入する方法がある。テレビでお馴染みになった人気商品であれば、通販カタログやクレジットカード明細への同封広告、もちろん小売店でも売りやすい。その成功により顧客データベースができ上がり、またそこへ新たな商品の広告が郵送される。

前記パラサイト・マーケティングとは、他社の顧客データベースや情報源を利用する手法のこと。他社が顧客にダイレクトメールを送る際に、自分の商品を推薦するレターを同封してもらう。ピギーバック・マーケティングも、他社の顧客データベースを利用する点では同じだが、商品のチラシをその会社の広告に同封するのではなく、毎月の明細書や他の送付物に同封してもらう（＝便乗させてもらう）点で異なる。

こうした契約にかかるコストは様々で、交渉の余地がある。パラサイト・マーケティングでは、普通、売り主はまったくお金を必要としない。親会社がデータベースを提供し、マーケティング費用もすべて負担してくれる。一方、典型的なジョイント・ベンチャーでは、親会社はデータベースの提供と送付作業を行い、売り主は送付物の印刷費を負担する。パラサイト・マーケティングよりも、ジョイント・ベンチャーのほうがより多く見られる。

テレビでお馴染みになった人気商品を売るのに適した、顧客リストやニュースレター、通販ビジネスや小売店をすでに所有している人もいるだろう。また、インフォマーシャルで目玉商品にはなりそうもないが、特定の顧客リストに合致する商品があるかもしれない。

ついでに言えば、インフォマーシャルの購入者に先入観を持ってはいけない。インフォマーシャルの利用者といえば、低所得者層で、『ナショナル・インクワイヤラー（監訳者注：米国のゴシップ中心の新聞）』を購読していて、Kマートでショッピングする人々というイメージが一般的かもしれないが、統計調査によれば実情はまったく異なっている。

たとえば、『パーソナル・パワー』関連商品の購入者の半数は、上位20％の高額所得層だ。また、業界内の調査によれば、インフォマーシャルの利用者は番組内容や商品をしっかり理解していて、番組自体を楽しんでいて、他の宣伝方法よりも好意的に受けとめているという。さらに、インフォマーシャル利用者の大半は購入の結果に満足しており、他のインフォマーシャルからも購入する傾向があるとのことだ。

◪新しいビジネスチャンスを見つける

前出のビル・ガシーは自分の顧客のビジネスをよく理解することで、ミリオネアになるチャンスを得た。一方で、製造業者や印刷業者、その他のベンダーたちが、自分たちの顧客のビジネスに関心がないことに私は驚きの念を隠せない。「先日おたくで2万5千冊の本をオーダーしたあの会社はどんな仕事をしているのですか？」と、ある印刷業者に聞いてみた。「さあ？」と彼は答えた。「何か通販みたいなことをやっているみたいですけど」

私がこの印刷業者だったら、大量の印刷用紙を卸値で購入し、空き時間に自分で印刷してコストを最小限に抑え、1ヵ月に2万5千冊の本を供給することができるだろう。そして間違いなく発注者のビジネスに興味がわき、首をつっこんでいるだろう。あなたもそうではないだろうか。そうだといいのだが。

現在、私は毎月少数の雑誌に全面広告を出稿しているビジネスを共同経営者と手がけていて、とてもうまくいっている。そのおかげで、たいして苦労をしていないのに、今年、10万ドルが、私の銀行口座にボーナスとして振り込まれるだろう。それは、クライアントであるコピーライターの仕事に注意を払っていたため、そこに新たなチャンスを見出すことができたからだ。私は利害関係の衝突なくして、その分野に参入できたのだ。

常にアンテナを張っておくのはたいへん重要なことだ。

成功のポイント30

アンテナを張れ！

ガシーレンカー社のビルとグレッグはナポレオン・ヒルの『思考は現実化する』を制作した際、インフォマーシャルビジネスで、当時実際に効果を上げていた方法を取り上げ、それを基盤にして、さらによいものを作り上げた。

ウォルト・ディズニーと親しい人々によると、これは「**プラシング（PLUS-ING）**」という方法だそうだ。ウォルトは、このプラシングをとても重要視していた。すでに有名で素晴らしいものをアレンジしてさらに素敵なものにするのだ。

プラシングの効果は計算できないほど大きいということをウォルトは教えてくれた。ディズニーランドは、まさにプラシングによって生まれた。彼は、乗り物や売店のある、すでに大人気だった遊園地にプラシングしてディズニーランドを作ったのだ。

成功のポイント㉛

「プラシング」で価値を高める

経験豊富なマーケターや起業家は、何度でも使え、信頼できる成功の方程式を見つけることを目標にすべきだ。

グレッグとビルがインフォマーシャルにプラシングしたとき、次の3つのポイントを押さえた。①尊敬されている著名人を使う。②商品の効果に満足している顧客や有名人からのインタビューを流す。③他のテレビ番組と比べても見劣りしない質の高い番組にする。

洞察力に優れた彼らは、『思考は現実化する』の成功はこの商品だけでなく、あらゆる商品に使える成功の方程式であることに気付いた。その結果、『パーソナル・パワー』のインフォマーシャルや、他のガシーレンカー社の成功例でも同じ方程式が適用されている。

成功のポイント㉜

何度でも使え、信頼できる成功の方程式を見つけて活用する

自社制作で成功したパーフェクト・スイング

１９８９年、ピーター・ハロルドは『パーフェクト・スイング・トレーナー』という商品を使って、ゴルフのスコアを20減らすことができたので、これを作っている会社を買収した。この商品は合成皮革のパイプでできており、頑丈なスタンドに巨大な輪が2つと、調節可能なリングがついている。この中で何度もスイングするうちに、完璧なスイングの「筋肉記憶」を、〝強制的に〟「ゴルフ専用の筋肉」に覚えさせるというものだ。

にわかに信じられるだろうか？　多くのゴルフ愛好者たちも信じなかったのでなかなか売れなかった。この会社は１９９２年にテレビで大きな賭けに出るまで苦労していたのだ。

ピーターは、人々にこの器具を信用させ、４００ドルや５００ドルで買ってもらうには、器具のデモンストレーションとストーリー化が必要だという結論に達した。そこで彼はすべての雑誌広告とキャンペーン広告の予算をインフォマーシャルに投入することにした。コストを最低限に抑えるため、地元の撮影スタッフを使い、自分たちでインフォマーシャルを制作した。そして、広告の効果を信じて、テレマーケティングスタッフを雇った。

彼の賭けは成功した。すぐに大きな反響があり、売上は前年の2倍以上に達し、10万の顧客をパーフェクト・スイング関連商品の見込み客にできた。

現在、彼らは、かなり改良した新たなインフォマーシャルの制作を終えようとしている。

テレビの力のおかげで、またしても2倍の売上を記録することだろう。

◪ホームショッピングチャンネルの威力

タッパーウェアパーティーをご存じだろうか。十数名の女性が、様々なキッチン用品や収納器具のデモンストレーションを見るために、リビングに集まるパーティーだ。もちろん、そこで何か買うものはないかと探しているわけだ。そして、タッパーウェアパーティーがリビングにいる1千万人の女性視聴者をとらえているといえば、ホームショッピングチャンネルがどんなものか、理解していただけるだろう。

リモコンを手にして、飽きたらチャンネルを変えるインフォマーシャルの視聴者とは違い、ホームショッピングチャンネルの視聴者は、リモコンは脇に置いて、ひざには電話、手にはクレジットカードを用意し、買いたいものが登場するのを待ち構えている。このような視聴者に商品を販売するのは、独特のシチュエーションといえるだろう。

QVCやHSN（監訳者注：Home Shopping Network。QVC同様に24時間テレビショッピングを放送する専門チャンネル）などのテレビショッピング番組で商品を売ってもらえれば、その人が億万長者になるのは時間の問題だ。これらの局は、定期的に繰り返し紹介されている信用の置ける商品のために、大量に時間枠を確保している。すでに成功している多くのインフォマーシャルもここで放映されることになる。

これらの局は、売り込みのあった商品の90％を断っている。毎週、何千もの新しい商品が持ち込まれるため、この関門を突破するのは非常に難しい。ＱＶＣやＨＳＮで紹介されるほとんどの商品は、一握りのプロのブローカーか、ブローカー組織を通して紹介されている。

しかし、抜け道がないわけではない。たとえば、１９９５年にＱＶＣは新商品発掘キャンペーンをアメリカ国内の十数ヵ所で大々的に行った。多くの人がこのオープンイベントに参加し、ＱＶＣで商品を紹介してもらっている。また、トレードショーには、ホームショッピングチャンネルのバイヤーのほぼすべてが送り込まれているので、商品の情報をパッケージにして、エージェントを通さずに直接バイヤーに渡すこともできる（だが、このやり方はお勧めしない）。

商品がデモンストレーションに適していれば、ＱＶＣ、ＨＳＮまたは他のマイナーなショッピングチャンネルで紹介される可能性が高い。**とにかく、テレビを使えということだ！**　ホームショッピングはマスマーケターであるがゆえに一般の視聴者を対象としている。これは、ニーズのマッチングという観点でも問題を解決してくれるだろう。

ここで著名人の司会者や推薦者は有効だが、必須ではない。チラシ、カタログ、ダイレクトメールやTVコマーシャルなど、他のメディアを使っての直接販売での成功体験もまた有効だが、必須ではないだろう。

◪ジョアン・リバース・プロダクツの裏話

ホームショッピングチャンネルでミリオネアになった最高の例として、クライアントのマーク・クレスを挙げたい。彼はジョアン・リバース・プロダクツを設立した。ジョアン・リバースはQVCショッピングチャンネルでジュエリーを紹介したり、自分のテレビ番組『キャン・ウィー・ストップ』の司会を務めたりしている。これらの背景には、興味深いビジネスのサクセス・ストーリーがある。

まだ若者だったマーク・クレスは1989年、有名放送局のエンターテインメント部門のバイスプレジデント職をクビになった。彼の解雇は、新規ビジネスの獲得による6桁のボーナスを受け取るちょうど1週間前に通知された。そのとき、彼は誰かのために働くのは一切やめることを心に誓った。「四六時中、そして夜も眠れなくなるほど気にかかるものがあれば、それを使って大儲けしようと決めた」とマークは言う。「美しく詩的なビジョンを持つ必要なんかないんだ!」

結構な収入を得ることに慣れていたマークは、起業家として成功するという新しい決意のもと、再び大きな収入を得るため、大胆に踏み出した。未来をあれこれと予測し、その予測をもとに大きなリスクを負うことにした。彼は未来のマーケティングはテレビで行われると予測した。具体的には、ホームショッピングが90年台の注目業界になると思ったのだ。今思えば、それはかなりいい予想だった。

マークはエンターテインメント業界に携わっていた経験から、新商品が大成功するか二流で終わるかは、著名人の推薦があるかないかが分かれ目だということを知っていた。そして、次の4つの要素を組み込んだ戦略を思いついた——①適切な著名人、②その著名人の完全なビジネスへの参入とコミットメント（ビジネスに深く関わってもらうこと）、③適切な商品、④テレビを使ったマーケティングだ。

◪逆からビジネスを作り上げろ！

マークはとても異例な方法を用いた。普通なら、まず商品を製作し、ビジネスの準備をし、マーケティングの方法を選択し、最後に著名人の司会者を選ぶ。しかし、彼は著名人を選ぶことから始め、それに合うビジネスを作った。普通のビジネス展開とは、逆のアプローチを取ったわけだ。

この異例な計画を進めようとする中、マークは障害にぶちあたった。彼には著名人の知り合いがいなかったのだ。エージェント、マネージャー、弁護士を通すハリウッドの官僚主義的なやり方は気にくわないうえ、心のこもっていない、金だけが目的の推薦をもらうのもいやだった。それに仮にふさわしい著名人が見つかったとしても、ビジネスをスタートさせるだけの資金がマークにはなかった。

このように様々な障害が組み合わさっている場合、多くの人はそれを〝乗り越えられない壁〟と呼ぶだろう。しかし、私が強調したいのは、乗り越えられない壁など存在しないということだ。素晴らしいアイデアと、十分な決意があれば、信じがたい障害のほとんどは乗り越えられる。

とにかく、マークは頭をフル回転させ、ビジネスパートナーのファイルをくまなく探し、友人にも話し、最終的に連絡を取るべき相手を思いついた。多くの著名人と彼らの整形箇所を知っているビバリーヒルズの整形外科医だ。マークはこの医師を、あるチャリティーのつながりで少し知っていただけだった。

「たとえ勝率の低い賭けだとしても、私はこの可能性のドアを叩こうと思った」とマークは当時を振りかえる。「多くの人がチャンスに出会っても、たいへんだからという理由で先へ進もうとしない。でも私は先へ進んだ。この医師に電話をかけ、会ってくれるまで説得し、会いに行って話を聞いてもらい、この計画に賛同してもらった」この医師はマークと著名人のミーティングをセッティングし、必要資金の投資までしてくれた。

何名かの著名人に会う中で、ジョアン・リバースがひときわ際立っていた。そして、マークの新しいビジネスの重要人物として彼女が起用されることになった。ジョアン・リバースは有名なコメディアンで、仕事やプライベートの大きな問題を乗り越えたことでもよく知られている。彼女のファッションセンスには定評があり、ベストドレッサー賞の候補に何度も上がるほどの人物だった。

マークの調査によると、ホームショッピングチャンネルの商品カテゴリーでジュエリーが一番売れているということがわかった。これらのことを総合して、ホームショッピングの視聴者に、流行にとらわれない質の高いジュエリーを、購入しやすい価格で提供するという決断に至った。もちろんジョアンを、誠実で熱心な司会者として据える。

マークの狙い通り、ジョアンは単なる著名な司会者以上の仕事をしてくれた。彼女は商品選択、ジュエリーデザイン、そしてビジネスに関するすべての決定事項にも関わった。ジョアン・リバース・プロダクツ社が成功したのは、彼らが一丸となってビジネスを進めてきたからだ。

ジョアン・リバース・プロダクツ社はロスにあるマークの自宅の空き部屋から始まった。マークと彼の妻はジュエリービジネスを一から学ばなければならなかった。ジョアンは自身と時間だけを投資した。金銭的なリスクはマークと妻が負った。貯金を切り崩し、自宅を担保にして資金を捻出した。

そして1990年9月、ジョアンアが司会者を務める30種類のデザインジュエリーを紹介するテレビ番組が始めてQVCで放映された。どんな結果になるのかは誰にも予想がつかなかったが、最初の3時間で2万7千件、100万ドル相当の注文が殺到したのである。「現在の水準と比べるとわずかな売上だったが、その夜シャンパンの栓を抜いて祝杯をあげたよ。QVCではそれまでアクセサリーの売れ行きはあまり良くなかったんだ。神経を擦り減らすほどのリスクを負ったことで、そのような素晴らしい結果につながったのだと思う」とマークは語った。その後8時間でマークとジョアンは600万ドル相当のジュエリーを販売し、総計1億ドル以上の売上を記録した。

次の展開は新製品、新カタログ、そして自己啓発セミナーの新シリーズ、書籍、カセット、インフォマーシャルだ。私は、『あなたは絶対幸せになれる！（You Deserve to Be Happy!）』というセミナーや自己啓発教材の開発で、ジョアンとマークと共にビジネスができたことを光栄に思う（『あなたは絶対幸せになれる！』はジョアンが悲しみや逆境から復帰し、幸せで平穏な精神に行き着くまでの体験をもとに作られている）。

彼女が幸せと成功の法則と信じるものが、マークがこのビジネスを始める時に使ったものと似ているのはとても興味深いことだ。たとえば、ジョアンは大きなことを成し遂げたいなら「ルールを破れ」と説いている。そして、マークは、新しいビジネスを始めるときのルールをまったく無視してスタートを切った。

テレビほど影響力やインパクトがある媒体は他にない。トーク番組にちょっと著者が出ただけでその本はベストセラーになる。政治家はテレビで成功するか、破綻するかだ。誰も、ますます強大になるテレビの力を無視することはできない。テレビを有効に使う方法を見つけることは、あなたの義務ともいえるのではないだろうか？

成功のポイント㉝

なんとしてもテレビの力を使う方法を探し出せ。それがアメリカで一番強い力だ。

◪3つのハイテクマーケティングツール

①フリーダイヤルの録音メッセージ

簡単かつ驚くほど効果が高いのが「フリーダイヤルの録音メッセージ」だ。返答や返答のオプションとして、録音メッセージのオファー（特典）を広告やセールスレターに入れると、反応率が５００％も上がる。これは電話の相手をリラックスさせるファーストコンタクトになるのだ。

広告に興味があっても、多くの人は、電話の向こう側に「売りつけようとしている」人間がいることを知っているから、受話器を取り上げて電話をする気にはならない。しかし電話をかけても録音されたメッセージだとわかっていれば、彼らは安心する。録音メッセージには、ちょっとした広告を入れることもできる。電話をかけるほど興味を持ってくれた人だけに、録音メッセージを提供するのだ。お金をかけてすべての人にメッセージを届ける必要はない。

メリットは他にもある。この方法を使えば、熱意あふれるメッセージを、温かく、友好的で、安心感を与える声で伝えることができる。録音は１人で行う必要はない。推薦者の声や音響効果を使うことだってできる。著名人を使ったマーケティングを展開しているなら、メッセージもその著名人に録音してもらうといい。

メッセージの早送りはできないので、電話をした人は、聞くか、聞かないかのどちらかだ。録音メッセージのサービスを行う会社は、受けた電話の件数と通話時間別の件数を教えてくれる。これはメッセージの内容や長さを調節するのに役立つ。このサービスは24時間、複数回線で行われるので、ラインが話し中になることはない。住所や名前の登録代行も比較的安価で請け負ってくれる。

メッセージの最後で、オフィスの電話番号を伝えたり、注文や資料希望者には、名前、住所、電話番号やクレジットカード番号を残してもらったりすることもできる。また、ボタンを押すと自動音声からオペレーターにつながる選択肢も提供できる。

②オンデマンドファクス

次にオンデマンドファクス（監訳者注：指示に従い電話のプッシュボタンを押すだけで、事前に準備したメッセージを流したり、書類を希望のファクスに自動送信するサービス）だ。

20の商品ラインナップがあり、それぞれに4ページのセールスレターが必要だとしよう。まず、20のオンデマンドファクス「ボックス」を作り、そこに各々のセールスレターをファイルして入れておく。商品が欲しい人は、ダイヤルして商品コードと自分のファクス番号を入力すれば、望みの商品の説明が載ったセールスレターを受け取ることができる。

複雑で精巧な商品を扱う多くの会社が、技術的なサポート情報を顧客に便利なオンデマンドの形で提供できるようにこの方法を使っている。さらに多くのマーケターがオンデマンドファクスの活用方法を見出すようになるだろう。

③ブロードキャストファクス

最後はブロードキャストファクスだ。ブロードキャストファクスを使用すると、同じファクスを同時に国内の10～1万の宛先に送信することができる。

しかし、未承諾で送るのはやめたほうがいい。迷惑ファクスは非常にいらだたしく、時に受信者は白紙を100ページ送りつけて反撃することもある。また、規制当局に苦情を訴える者もいる。

けれども、許可さえもらえば、ブロードキャストファクスは早くて効率的、そしてフェデックス（FedEx）並みのインパクトがあり、コストもわずか数セントだ。たとえば、ニュースレターのVIP購読者たちが臨時情報やキャンペーン案内をファクスで受け取りたいと希望した場合、この方法が使える。セミナーを開催する時、招待チラシを送ることもできる。

昨年、あるクライアントが顧客に新商品を紹介するのに、最小の投資ですばやくキャッシュを集められる戦略を取った。まず、この商品のメリットを記載した1ページのセールスレターをすべての顧客に郵送し、その後、ディスカウントの特典内容をファクスで送った。この商品を購入したい人は電話で注文しなければならない。郵送に対する反応は3％で、その後にファクスした8ページのセールスレターへの注文率は90％だった！

テクノロジーを使って試行錯誤はしても、それに魅了されすぎないように注意しなければならない。賢いマーケターや起業家は、新しいテクノロジーを使ったメディアやビジネスチャンスが来るたびに、決められただけの時間、エネルギーそしてお金を投資し、それについて学んだり、テストしたりすることになるだろう。

第9章

信じられないほどの富を作り出す「情報をお金に換える」方法

ダイレクト・マーケティングや通販ビジネスに最適な商品がある。幸運なことに、誰もが作る方法を知ることができ、それほどお金をかけなくても開発、利用できる商品だ。

◪私は毎日自分のお金を印刷している

ご存じのように、オフィスのコピー機や印刷屋の機械でお金を作るのは違法である。米国政府は、お金が必要なときは自分たちだけがいつでもお金を印刷できるという考えだ。しかし、誰にでもできる次善の策がある——何の変哲もない紙を人々がお金を払ってくれる「**情報商品**（information products）」に換えればいいのだ。

情報商品とは一体どういうものか？　たとえば、本書は情報商品だ。バインダーのマニュアル、スパイラルノート形式あるいはコピーを束ねて角をホッチキスで留めたシンプルなレポートもそうである。他に、音声カセットやビデオ、ソフトウェア、それらを組み合わせたものなどがある。

これらの情報商品を製造するために必要なものは、人々がお金を払いたくなるような情報とコピー機くらいのものだ。昨今は、パソコンによって、情報商品の印刷がこれまでにないほど楽になった。しかし、いまだタイプライターで制作したシンプルな商品も大金を生み出している。

情報販売は、私の会社やクライアントたちの多くが行っているビジネスだ。この章では、大金を生み出す情報商品の種類とマーケティング方法、そして驚くべき成功事例を紹介しよう。

成功した情報商品の種類は多岐にわたるが、趣味や娯楽関連のものが多い。数年前、パッティ・カールソンは『ピアノが一晩で弾けるようになる方法』をＴＶショッピングで販売し、１００万ドル売り上げた。今日では、ロバート・ラフリンが『楽譜もレッスンもいらない――たった3時間でお気に入りの曲がピアノで弾けるようになる方法』という自宅学習講座を販売している。また、女性誌やタブロイド誌には、『家で簡単に作れるハワイ料理のレシピ１００選』というシンプルな冊子の広告が載っている。

ビジネスや職業をテーマにしている情報商品も多い。ジョー・サバは『心からやりたい仕事に就く――採用通知を受け取る方法』という１０４ページの冊子をラジオ番組で宣伝し、何千冊も売り上げた（第10章参照）。また、3人の起業家が『合成皮革の家具を作って自宅で稼ぐ方法』というタイトルの冊子や、商品のセットを販売して成功させている。一番安価な冊子で10ドル、最も値が張るもので150ドルだ。ヒューム・パブリッシング・カンパニーは『成功する投資』の講座をダイレクトメールで販売し、巨大ビジネスを作り上げた。その他の情報商品として、健康、フィットネス、プライバシー保護、旅行、美容やファッション、そしてゲームやギャンブルなどを扱ったものがある。

すべてに共通しているのは、商品が情報であるということだけだ。異なるトピックや趣味を取り上げ、価格も様々。メディアも違えば販売方法も異なる。例を挙げようと思えば、軽く100個は挙げられる。

オンデマンド印刷が、低資本でも大きな利益を生む秘密だ！

私が本気で「お金（＝情報商品）を印刷し始めた」のは、1978年のことだ。プロの講演者になり、ナショナル・スピーカーズ・アソシエーション（世界講演者協会）に参加してからほどなく気がついたことがあった。広告、マーケティング、セールスの経験が豊富だった私は、何年もプロとして講演してきた人たちよりも、出演契約やクライアントを獲得する方法をよく知っていたのだ。

そこで、手作りで安っぽい4ページのカタログを作った。それは他の講演者たちの興味をそそる様々なトピックを扱ったレポートだ。『講演業の隠れたマーケットを見つける方法』『シンプルな手紙で会議企画者に電話をかけさせるコツ（決して売り込み電話をしてはいけません！）』『講演後の関連情報の商品販売で、講演料の2倍稼ぐ方法』『講演者のパンフレットやデモテープによくある17の間違いと、その回避法』

当時のカタログはすべて失くしてしまったが、覚えている限りでは20の異なるトピックのタイトルで、1冊3ドル～15ドルで販売していた。それぞれ4ページから、長くても20ページだった。現在でいうオンデマンド印刷を使ったので、在庫は発生しなかった。タイプ打ちのオリジナルレポートをクリアファイルに保管し、注文があるたびにオリジナルを取り出して、必要な枚数をクイックコピー店でコピーし、封筒に入れて送付していた。

このシンプルでただ同然のカタログを、2千人程度の講演者に送付して、約1ヵ月で1万1千ドルを稼ぎ出した。ほとんどの人は2～4部のレポートを買ってくれた。人数は少ないが中には10部、また、全種類のレポートを買う人もいた。3ドルで販売していたレポートはコピー代が40セント、郵送料に20セントかかっただけだ。つまり、1万1千ドルの大部分が利益だったというわけだ。

私はこのビジネスの初期段階で、以下の3つの重要な教訓を学んだ。

❶特定の専門分野にターゲットを絞り、その分野の人々が大きな関心を抱く情報商品を作ることが重要である

❷情報商品は制作コストに関係なく、内容の価値を基準に価格設定ができるので、信じられないような利幅を得ることができる

❸在庫を抱える必要がなく、必要なだけ作成すればいいので、浮いた資金をマーケティング活動に使える

私の（パートタイムの）情報ビジネスには、年間１００万ドルを稼いでいる商品が数多くあるが、最初のシンプルなカタログプロジェクトと比べて、18年たった今も、特に洗練されたり、複雑化したりしているわけではない。

あるビジネスでは、20種の情報商品を取り扱っていて、シンプルなスパイラルバインダーのマニュアル（販売価格69ドル）から、６つのセクションに分かれた音声カセットとビデオテープ、２００～３００ページの書面による説明と事例を収録したスパイラルノートと別添レポートのセット（セットで３９９ドル）まである。

別のビジネスでは、毎月ビジネスニュースレターを発行し、他のビジネスでは毎月旅行ニュースレターを書いている。また、他の発行者のために情報商品の開発をしたこともあ

る。これらのうち、販売前に大量生産され、倉庫に保管されるものはごくわずかだ。ほとんどがオンデマンドで印刷される。

ある専門分野で販売するセット商品の場合を考えてみよう。制作者の職業や、広告のやり方で売れる部数は変わってくるが、ある月には20～30部コピーが売れるかもしれない。だが、別の月には2、3部しか売れないかもしれない。このような商品を500部も棚にストックするためにまとまった資金を使う気にはならないだろう。

だから、こうするのだ――3部の注文が入ったとする。音声テープのマスターを棚から取り出し、卓上ダビング機で3部コピーし、ラベルを貼る。書面のマニュアルはコピー機にかけられ、3部コピーされる。そして透明なプラスチック製の、どこにでも売っているバインダー（これは多くの商品に使える）を倉庫から出してきて、表紙にこの商品のカバーを入れる。すべてセットすれば発送準備完了だ。オンデマンド印刷を行うコストは、何百部も先に印刷して在庫として保存しておく場合と比べても、15％ほど高いだけだ。

たとえば、ある商品の場合、オンデマンド印刷の1部あたりのコストは20ドルだ。これに対し、6千ドルを投資し6ヵ月から1年分の在庫300部を一度にまとめて生産すれば、1部当たり3ドルほど節約することもできる。しかし、これを20種の同様の商品で行うと、およそ12万ドルを在庫確保のために使わなければならない。それが利益に変わるスピードは非常に遅い。オンデマンド印刷では、浮いた資金をすべてマーケティング活動に回すことができ、毎月のように利益に変えることができる。

18年前に比べると、この方法は、私にとってさほど重要ではなくなったが、まだ走り出したばかりの人や、ある専門分野でたくさんの商品を扱いたい人にとってはたいへん役立つだろう。多くの人が何ヵ月、ひいては何年もの間、努力して情報商品を作り出し、ガレージいっぱいのきれいに印刷された本や音声カセット講座をストックしておくためにお金をつぎ込み、やっと考え始めるのだ――誰がこれを買うのだろうか？　どうやって顧客と接するのか？　マーケティング資金はどこから手に入れればよいのか？　と。

成功のポイント㉞

資産を遊ばせておかずに、広告、マーケティング、プロモーション、販売活動につぎ込め

これまでに、40人のスタッフと行ったビジネスもあれば、2、3人で行った少数ビジネスもある。オフィスも、浴室のついたCEOのオフィスで1万5千平方フィートの大きさの部屋から、角に冷蔵庫のおいてある1千500フィートの部屋、そして廊下の先に浴室と冷蔵庫がある私の家のオフィスなど、様々なタイプがある。自動応答機能付き電話とフアクス、タイプライターくらいしかないオフィスもあったし、製造工場が付いている施設もあれば、小売店舗と販売スタッフがいたこともある。

これらの経験から、いくつかの結論に行き着いた。すべてが役に立つとは言い切れないが、私にとっては重要なことなので、紹介しておこう。

❶多くの人が、自分の求めるライフスタイルとは正反対のビジネスを作り上げてしまう。自由になるどころかそのビジネスに囚われ、楽しむことができずフラストレーションが溜まり、創造的どころか退屈になる。資産は多いが、キャッシュがなくなる。私もそんなミスを犯し、そこから抜け出すのに何年もの時間を費やした。そして、今でもよく同じミスを犯しそうになり、誘惑と戦わなければならないことがある。
❷多くの人は、いつもビジネスに関わり、忙しい状態でなければ「ビジネスをしている」と感じることができないようだ。そのため、一番大切な目標を最短距離で達成しようとせずに、むしろ障害となるものに経費や固定費を使ってしまう。
❸設備や従業員の管理に資金や時間、エネルギーを割けば割くほど、販売、収益、そして顧客を生み出す努力がおろそかになるのは明らかで、ひいては自分や家族が得る収入が少なくなってしまう。一般的により多くの資源を、モノや人ではなく、生産的な

広告やマーケティング、プロモーション、そして販売活動に投資したほうが、多くのお金をより早く作り出すことができる。

❹情報商品の開発と販売は、前記「❶」「❷」を完璧に避けることが可能で、「❸」を実行できるビジネスである。

◤情報販売で約200億円作った男

友人のテッド・ニコラス（監訳者注：米国の伝説のマーケターの1人）は、ふとしたひらめきから出版ビジネスに参入した。

当時テッドは、すでに数社の会社を持つ精力的な起業家だった。彼は会社を立ち上げるたびに、書類作成のために何百ドルも弁護士に支払わなければならないことを不愉快に感じていた。そして、おそらく他の起業家も、自分と同じように不愉快に感じているのではないかと思った。それに、財産保護目的のため、限られた予算内で法人の設立を実現したい人々にとっては、諸経費のかかりすぎは本末転倒であると考えた。

少し調べてみると、スモールビジネスにおける法人設立の作業はとても単純で、書類の記入は誰がしてもよいことがわかった。弁護士に依頼する必要などないのだ。また、デラウェア州で法人を設立すると、代表者の住所やビジネス所在地にかかわらず、税金面やプライバシー、その他の点で優遇されることが判明した。

テッドはこれらすべての情報をわかりやすいノウハウ本にまとめ、デラウェア州で法人を設立するための書類とその記入例をセットにした。さらに、デラウェア州の事務所の空き部屋情報と、どの州で法人化するにせよ役立つサポート企業の連絡先を記載して、大きさ縦8・5インチ、横11インチ、100ページの本を制作した。大量生産したので、コストは1セットあたり1ドルだった（今日では法人設立セットは、パソコンのフロッピーや、書籍やマニュアル、あるいは封筒に入った書類などの形で、ごく普通に販売されているが、紛れもなくこの分野を開発したのはテッドである）。

テッドはこの本を『弁護士を使わずに50ドル以下で自分の会社を設立する方法』と名付け、ウォール・ストリート・ジャーナル誌や新聞、ビジネス雑誌の小広告欄に載せた。すると、彼のリビングで始めた地味な作業が、100部以上売り上げるビジネスになった。1992年には、彼のエンタープライズ・パブリッシング社をニューヨークの出版社ディアボーン・プレス社に売却したが、それまでに書いた13冊のビジネス書、リングノートのマニュアル、レポート、さらに他の著者の商品を総計すると、2億ドル相当も販売したことになる。

こうしてテッドはダイレクト・マーケティング業界で伝説的人物となった。彼は現在、出版やマーケティングの協議会での講演者として引っ張りだこであり、時々コンサルティングのプロジェクトを行うが、ほとんどはスイスの豪邸で過ごし、スキーや最高級のワインと旅行を楽しみながら、少しばかり執筆し、リラックスした生活を送っている。

◪テッド・ニコラスの成功は、まぐれなのか？

チェイス・レベル（監訳者注：Entrepreneur Magazine の創設者、ダイレクト・マーケティングの専門家でコピーライター）は、様々な種類のビジネスの収益を公開した『インサイダー・レポート』を売り出し、これが最終的にアントレプレナー・マガジン誌の創刊につながった。

クライアントのジョン・モルツは、『一握りの雑誌に広告を出して、自宅にいながらパソコンを使ってお金を稼ぐ方法』のレポートや講座を販売して、年間数万ドルを稼いでいる。しかも誰も雇わずに、だ。顧客はメールか、留守番電話でクレジットカードの情報を残し、注文をする。彼はほとんどの商品をオンデマンドで製作し、宅配便で送付している。もし、このビジネスに全力を注げば一晩で10倍にビジネスの規模を大きくすることができると思うのだが、彼はコンピュータープログラミング分野でのコンサルティング業を楽しんでいるため、情報販売ビジネスはいまだ副業なのだ。

元パイロットのテッド・トーマスは、カリフォルニアとアリゾナでの不動産ブームの際に、一戸建て住宅とマンションを対象にした投資で大金持ちになった。しかしその後、不動産関係の利率と税制が激変し、彼の状況も大きく変わってしまった。リムジンを乗り回し、自家用ジェットで街から街へと飛び回っては物件を買い、億の収入と生活を楽しんでいたが、ある日突然、彼の財産はすべて差し押さえられ、ワンルームアパートの家賃を払うのが精一杯になってしまった。

しかし、この大失敗のおかげでテッドは、抵当流れ物件に隠れた利益が潜んでいることを学んだ。彼は抵当流れ不動産を購入、売買、また転売することで、資産を取り戻していった。そうするうちに、誰でも真似することができるお金儲けのシステムがわかったので、それを本にまとめて自費出版し、広告や不動産投資セミナーで宣伝を開始した。自分の財産をリスクにさらさないためにも、テッドは不動産や投資トレーニング関連の大物、ハワード・ラフやロバート・アレンとユニークな共同事業を開始した。

事実上自分の資金をまったく投資せず、テッドは89ドルもする初めて執筆した本を何千部と売った。その後、新しい本や音声テープ、抵当流れ物件投資の自宅学習講座や交渉術を扱った情報商品のセット、ジョイントベンチャーのマーケティングに関する情報商品など、商品のラインナップを増やしていった。一番安い商品の販売価格は19・95ドル、最も高いもので1千700ドルだ。

こうして素晴らしい成功を収めた結果、デッド・トーマスは、私を含むこの分野の多くの専門家と仕事上のつながりができた。1994年にはラスベガスで、情報商品販売者向けの会合を3日間の日程で開催した。そこには、先のデッド・ニコラスや私を含めた20名の講演者と、500名の一般参加者が集まった。参加者の登録費は1人200ドル、全体で10万ドルになった。彼は自分のお金を一切使わず、ジョイントベンチャーのマーケティングでこの会場を満席にしたのだ。

クライアントのボブ・バーグは全国でもトップクラスの記憶力を持つ。完璧に人の名前や顔を覚え、メモなしでスピーチやプレゼンをする。また、電話番号や住所、様々な情報、数字、統計、果ては化学式などを簡単に記憶する達人なのだ。彼は昔ながらのやり方で有名になった。最初は小さな会社や販売団体向けに講演やセミナーを行い、徐々により多くの聴衆や大企業を相手にしていったのだ。また、記憶力訓練プログラム、語彙力強化プログラム、そしてセールスマン向けの『紹介者を次々と増やす方法』という講座を収録した音声カセットを制作した。そして、この商品は年間50万ドル以上売り上げている。ボブがこれほどの成功を成し遂げたので、テレビでインフォマーシャル番組を作れるように、私は彼をガシーレンカー社に紹介した。

このような成功例は、私のクライアントだけでもあと十数個挙げることができるし、他にも何百と知っている。しかし、あなたにも〝できる〟ことを証明するのによい方法がある。それは、どんな雑誌でもいいから手に取り、情報商品や無料カタログの宣伝を、小さな広告から大きな見開き広告にいたるまですべてメモに取るのだ。そして図書館に行き、同じ雑誌の6ヵ月前、1年前または数年前の号を見てみる。すると、同じ広告が多く見つかるはずだ。その中からいくつかを選び出し、実際に申し込んでみる。自宅にセールスレターや資料、情報商品が届いたら、それをよく観察してみる。そうすれば、この分野で成功するためのパターンが見えてくる。一般に、ある種の人々のグループの興味を惹く情報があり、彼らに効率的にアプローチできる人ならば、この種のビジネスの基盤を持っているといえる。

1つの成功の影に100の失敗がある

100万ドル売れる情報を作るのは、正直に言って容易ではない。これまで書いたことは真実であるし、列挙した成功の要因は有効なものだが、適切なマーケットや宣伝媒体、正しい情報、ふさわしいタイトルを選択するのは非常に難しい。情報商品を販売して利益を生むためには、これらの要素を選び出し、試行・検証した後、適切に組み合わせなくてはならないが、それは気の遠くなるほど時間のかかる作業だ。

テッド・ニコラスは、自分の情報商品の宣伝キャンペーンは15のうち6つだけが成功だったと言う。つまり15のうち9つは失敗なのだ。友人のゲーリー・ハルバートは「雑誌広告を成功させるノウハウについて、テッド・ニコラスよりも知っている人間はいないだろう」と言っており、私もこれに同意する。そんな雑誌広告に精通したテッドでも、15回のうち9回は失敗するのだ。これは何を意味しているのだろう?

初めてバットを手にした人がホームランを打つこともある。最近、あるパートナーと私で、新しい情報商品の見開き広告を制作して数誌に載せたところ、すぐに大きな成功を収めることができた。この商品の販売で広告費の3倍を稼ぎ出し、購買者のうち20%が、これよりも高価で、より利益率の高い情報商品を購入してくれたのだ。現在も同じ勢いで売れ続けており、小さなビジネスが毎年50万ドルを生み出す軌道に乗っている。この数ヵ月前も、あるクライアントと新しい情報商品の見開き広告を制作したのだが、打ち出したとたんに売れ始め、今では毎月20誌に展開し、10万ドルもの売上がある。

しかしテッド同様、私の商品のアイデアも成功より失敗が多い。広告を作っても長く使えないことが多いし、TVショッピング番組はなかなかヒットしない。正しいときより間違っていることのほうが多いのだ。しかしそれでも、自分の才能を信じていると、自信を持って、楽天的に大ヒットを生み出せる。これまでも失敗作をカバーする以上の成功を収めてきた。

忍耐と継続、持続力を持って取り組むことがこのビジネスでは重要である。よいアイデアがたった1つでもあれば、このビジネスでは大金を生み出すことができるのだ。

失敗を一晩で成功に変えた方法とは？

ジェフ・ポールの例は、このカテゴリー最高のサクセス・ストーリーだ。いつの時代にも師匠を超える弟子がいる。彼の物語は情報商品販売を始めるうえでの理想的なビジネスモデルといえる。

ファイナンシャルプランナーのジェフは、新規顧客開拓に非常に長けていたが、様々な理由からこの仕事を辞め、戻るつもりもなかった。しかし自分が持つノウハウは、同業者がなんとしても欲しがる貴重なものであることがわかっていた。また、自分の時間を確保でき、自由と高収入を最小限の努力で得られる〝在宅での通販ビジネス〟を作り上げたいという思いにかられていた。そこで彼はこの2つを合わせ、ファイナンシャルプランナー用の販売マニュアルを書き、ファイナンシャルアドバイザーが購読する業界紙に広告を載せ、販売を試みた。

しかし、無残に失敗した。広告を出し、いろいろなアイデアを試みて軌道修正を図ったが、クレジットカードローンが10万ドルにもなってしまった。彼は家族を連れて、妻の姉の家の地下に引っ越した。彼と妻のペギーは、破産宣告する前の最後の試みとして、初めて私のセミナーにやって来た。自分たちのどこが間違えているのかを確かめたかったのだ。当時彼らは、他の参加者とレストランで食事をするお金もなかったので、目立たないように出て行って、ピーナッツバターとクラッカーを食べていた。

もちろん他の人ならすでにあきらめていただろう。ジェフは驚くほど頑固でしつこいのか、驚くほど頭が悪いのかはご自由に考えていただきたい。なんらかのビジネスをしているというわずかな希望の光が、彼らをセミナーに呼び寄せたのだ。その月、彼らはマニュアルを1千90ドル売り上げた。

私は、彼らが今していること（もしくはしていないこと）を聞き、今後何をすれば成功に導けるかがわかった。これは天才のひらめきでも、才能でも、魔法でもない。彼がやろうとしていることにおいて、私がより多くの失敗を経験し、少々成功を経験してきたからにすぎない。そこで彼らに15分間だけアドバイスをして、家に帰した。ここからはジェフの言葉でその後の話を語ってもらおう。

「私は今、ボクサーパンツとTシャツ姿で、過去2年で1日平均4千ドル以上を生み出したキッチンテーブルに座りながら、ダンの本に載ることになる体験談を書いている。そう、1日4千ドルだ。大金を稼ぎ出したこの夢のような話は、楽しい情報商品の在宅ビジネスで手に入れた。

ダンの言う通り、私はビジネスを始めた当初、家族を貧乏暮らしへと追い込んだ。義理の姉の家の地下の隅っこにあるソファで暮らしていたのだ。この物語の信じられないオチはこうだ――地下住まいから38万5千ドルの家を買い（半額を頭金として支払った）、他にローンはなく、貯金があるうえ、とてつもない収入が毎日入ってくる。ペギーと私は2人だけでこのビジネスを営んでいる。

ダンのセミナーから帰った後、彼が提案してくれた修正案を急いで試してみると、収入が打ち上げ花火のように爆発的に増えた。以下が預金通帳で間違いなく確認できる数字だ――翌月の10月に1万3千400ドル、11月には2万6千200ドル、そして12月には4万9千800ドルの入金があった。1992年には100万ドル以上を売り上げ、経費を除いた半分を純利益として得た。1993年と1994年はさらによくなっている。

では、何を行い、どこを修正したのかを簡単に説明しよう。

まず、現状はこうだった。私の信用と実績をベースに情報商品を制作した。そしてターゲットは、私が容易にかつお金をかけずに接触できるファイナンシャルプランナーたちで、この情報商品は彼らのニーズと要望に合致していた。ここまでは問題がなかった。

私の犯した最大の間違いは、広告が小さすぎたことに加え、ワンステップで販売しようとしたことだった。資金が限られている中、商品やマーケットの性質を考慮すると、マルチステップの販売システムを使うべきだったのだ。

すぐに、一連の販売ステップを構築した。まず、申し込み電話を促すためだけの広告を出した。広告に掲載された電話番号に電話すると、録音メッセージが案内する仕組みだ。そして、マニュアル1冊だった商品を分解し、マニュアル、カセット、申し込み用紙というセット商品に再構成した。わずか138ドルの広告で再スタートを切り、3ヵ月目には、2千200ドルの広告費から5万ドルの売上を得たのだ。その後、「3段階広告法」や「オートパイロットマーケティング（自動操縦型の販売方法）」といった戦略もマスターした。利益の3分の2をリピート販売や追加販売から得る方法も学んだ。

私の成功例は、どんな情報商品を扱う人にも必ず役立つだろうと確信し、『下着姿でキッチンテーブルに座りながら1日に4千ドル稼ぎ出す方法』というタイトルで本にまとめた。妻のペギーはこのタイトルが気に入らないらしい。私が下着姿でゴロゴロしているだけでもよくないことなのに、どうして他人にそれを言いふらすのか？　と。しかし、自分のことを包み隠さず公開することで、他の人々に〝自分にもできる〟ことを信じてほしいのだ。こうして私たちはサイドビジネスとして、この本を1冊29・95ドルで販売していて、すでに何千冊も売れている」

ジェフの話をじっくり読めば、情報商品を制作し、うまく販売するための、信頼性があり、真似のできる法則をいくつも探し出すことができるだろう。以下に重要なポイントをいくつか挙げておこう。

①しっかりとした基盤がある情報商材であること

流行りだからという理由で商品の分野を選んでも、まずうまくはいかない。経験があり、自分が専門家と言えるほど豊富な知識のある分野を選択するのがよい。

②適切なマーケットを選択する

適切なマーケットを選べれば、ほとんど勝ったも同然である。簡単に、効率よく、それほどお金をかけずに接触できるマーケットを選ぼう。たとえば、ターゲットとなるグループ内の誰もが特定の雑誌を1、2誌読んでいる場合などである。マーケットは〝飢えた群衆〟でなければならない。あなたが提供しようとしている情報に興味があり、その情報を欲しがることが明らかになっているマーケットであるべきだ。ダイレクト・レスポンス広告への反応性が証明されていることも条件だ。

③広告とマーケティング費をカバーできる価格設定

19ドル、29ドル、39ドル、さらに49ドルの商品でもダイレクト販売で利益を上げるのはたいへん難しい。個人的には99ドル以下のものではキャンペーンはやらないし、それ以上の価格のものを選びたい。ジェフは低価格の商品（マニュアル）を分解し、これらを再構築して、顧客から見て、より価値が高く、より高価な商品として新しく売り出したのだ（価値の上昇に生産コストは比例していないのである）。

④マルチステップ販売戦略

ジェフは〝3段階広告法〟を開発した。段階を踏んで見込み客が興味を持っていることを明らかにしたあと、猛烈な売込みをかけるのだ。広告を読み、電話をかけ、長い音声メッセージを聞き、名前と住所を残してくれた人が、見込み客選定の初期段階をパスしたことになる。次の段階で、見込み客に次々とセールスレターやその他の資料を送付する。ただ注文を待って販売するワンステップ広告よりも厄介だが、マルチステップアプローチはより安全で信頼性がある。

⑤オートパイロット化を目指す

「オートパイロットマーケティング」とは、継続的な肉体労働なしで機能する販売プロセスのことだ。たとえば、電話に直に応対するのではなく、無料の音声メッセージや留守番電話で、広告に反応した人から名前や住所などの情報を収集する。もしビジネスのほとんどが自動操縦化されれば、自由な時間が増え、雑務に煩わされることも少なくなる。ジェフはこの点を完全にマスターしており、彼の経営の一挙一動から学ぶことが多くある。

⑥バックエンド・ビジネスを持つ

大きな利益の大部分は、新規顧客の1回目の販売（フロントエンド・ビジネス）ではなく、同じ顧客からの2回目、3回目……10回目……40回目などのリピート販売（バックエンド・ビジネス）によるものだ。大きな利益はバックエンドからのみ得られる。

◪経済的安定を提供してくれる「ニュースレター」

ニュースレターは、情報商品としてますます魅力的になっている。パソコンでの印刷や高速コピーを使えば、ニュースレターの作成は容易で費用もほとんどかからない。郵送料を含むすべての経費を考慮しても、月に1ドル〜2ドルで購読サービスが提供できるのだ。

年間でも12ドル～24ドルだ。たとえば、年間49ドルという低価格のニュースレターでも、400％もの利幅を得ることができる。専門的な分野のビジネスニュースレターなら100ドル～200ドルしてもおかしくない。

ニュースレターを発行すれば、自分のお金でなく顧客のお金で、顧客との関係を継続的なものにできる。ニュースレターは自分の売り込み、商品やサービスの広告、他のニュースレター発行者との広告スペースの交換、そしてジョイントベンチャーのマーケティングにとても役立つ。また、自分の専門分野の流れに遅れず、新しい展開に注意し、常に創造的であることを強いられるだろう。これはよい訓練になる。

さらにニュースレター・ビジネスは、購読更新による収入を予測することが可能なため、経済的な安心感を得られる究極の方法といえる。しかし、よい面ばかりではない。たとえば、新規顧客にニュースレターをいきなり販売することは非常に困難である。ニュースレターはすでに提供した他の情報商品に満足し、さらに情報をもらい続けたいと思っている既存顧客が一番よく購読する商品なのだ。

音声ニュースレターという商品もある。前出のガシーレンカー社は、月刊の音声シリーズ『パワー・トーク』の販売で驚異的な成功を収めた。ダイレクトメールと勧誘電話での販売を展開したのだが、ターゲットはTVインフォマーシャルで販売されたトニー・ロビンスの『パーソナルパワープログラム』の購入者だった。また、大々的に宣伝された月間の音声シリーズ『エグゼクティブ・ブックサマリーズ』は、読書の時間のない企業の重役や幹部向けに、最新のビジネス書の簡約版を収録したものだ。

情報を紙や音声テープ、ビデオ（DVD）、CD（フロッピー）、ニュースレター、果ては有料ダイヤルの録音メッセージなど、いずれの形にまとめるにしても、マーケティングの基本は同じである。

これまでに、自著の中で何度も基本的な販売原理や戦略について触れているが、それらの本は10ドル～20ドルの間で売られている。一方、音声カセットでは99ドル、マルチメディアセットでは399ドル以上、セミナー参加費の場合は1人あたり295ドル～3千495ドルで販売している。そして、これらの情報は199ドルのニュースレターで更新されていく。また、特定のビジネス向けにカスタマイズしたものも販売している。私の商品ラインナップは実に多様な人々をターゲットにしている。ごく気楽な個人から、真剣な学生、余計な情報はいらず最低限の情報が欲しい人、詳細まで知りたい人、モチベーションや刺激が欲しい人、基本のハウツーが欲しい人、個人起業家、会社のCEOまでだ。

内容の90％が同じで、対象のマーケットによって価格を変えている商品がいくつかある。

高収入の職業向けのマーケティングセットは、小規模ビジネスのオーナー向けの一般的なセットより200ドル高く販売している。商品内容には200ドルの違いはない。その使用者が自然と感じ取り、受け入れ、信じ、そして手に入れる価値が200ドル違うだけである。

成功のポイント㉟

対象のマーケットに合わせて情報商品の形式を選び、価格設定する

成功のポイント㊱

同じ情報を複数の異なった形式で販売し、様々な価格を用意する

◪あなたにとって常識でも、知らない人にとっては価値がある

スーパーやコンビニエンスストアのオーナーは、お店の商品やお金をくすねる従業員に悩まされるものだ。そんな従業員からお店を守るための情報を販売した男がいた。実はその男は、過去にその道のプロ中のプロだったのだ！

この男の情報があれば、1店舗あたり90日〜1年で2万5千ドルもの商品やお金が盗まれるのを簡単に防ぐことができる。男は情報を、小冊子のマニュアルに4つの音声テープを付けて50ドルで売っていた。この男からコンサルティングの依頼を受けて、私はそれをまったく新しい商品パッケージに作り直した。

まずはマニュアルを2つに分けて、各価格を29ドルに設定、そして、6つのカセットがワンセットになった解説書付きの音声教材を2セット（各セット199ドル）と、従業員教育用ビデオシリーズ（995ドル）を作った。さらに、これらの商品すべてに、従業員の採用を成功させるための面接マニュアルと採用適正検査を付け、『マスターコース』として1千250ドルで売った。

すると翌年の売上がなんと3万ドルから55万ドルに跳ね上がったのだ！

男は自分の情報を過小評価していて、商品を安っぽく作ってしまっていたのである。たったこれだけの変更で、47万ドルもの売上の違いになった。

成功のポイント37

自分にとって当り前のことが、他人にとっても常識とは限らない。そのことを知らない人、理解していない人にとっては、計り知れない価値のある発見であり、秘密である。自分の知識を甘く見るな！

［監訳者補足］

右記の事例は、偽造小切手を作る技術を高く評価されて、ＦＢＩの詐欺犯罪捜査に協力し、金融犯罪の権威として富と名声を得た実在の天才詐欺師、フランク・アバグネイルを想起させる。この人物を描いた映画が、レオナルド・ディカプリオが主人公を演じた『キャッチ・ミー・イフ・ユー・キャン』（２００３年公開）である。

第10章 知名度を最大限に活用して100万ドルのビジネスを生み出す

ほとんどの起業家にとって、ビジネスを始めるにあたっての最大の関門はおそらく集客だろう。広告宣伝への投資なしでビジネスを構築することは可能なのだろうか？

答えはイエスだ。それをこれから証明しよう。

『地獄の炎と破滅』という名の激辛ソースがボロ儲けした方法

「辛いのが苦手なら、このカタログを見るな！」

ティム・イードソンは顧客にこう警告した。

1992年、ティムとウェンディのイードソン夫妻は通販の食品ビジネスに参入しようと決めた。中西部育ちのティムがよく知っている砂糖漬けのハムやカモのばら肉のパイが通販で広く販売されていることを知り、彼らはスパイスに注目した。そして、最終的に、辛い食べ物を扱うことにした。ティムは辛いものに目がなかったので、自分が強く惹かれるものでビジネスを始めようと決めたわけだ。その結果、誕生したのが〝額に汗、目に涙、そして顔には笑顔が溢れる〟というキャッチコピーのモーホッタ・モーベタ社（Mo Hotta Mo Betta）のカタログである。

ティムとウェンディは、友人から1万5千ドルを借りて、ティムが売りたい商品を探し、カタログを制作した。そのカタログを500人の友人、知人や厳選したマスメディアに配布すると、驚いたことに25％の反応率を得た。それ以来、彼らのビジネスは年間300％の伸びで成長を続けている。現在、カタログの発行部数は年間20万部にも達し、年間売上は300万ドル近くにもなっている。

◪パブリシティで売上に火がついた

はじめ実験的にティムとウェンディは、『クックス（Cooks）』や『スパイ（Spy）』といった雑誌に広告を掲載したり、レンタルリストを使ってダイレクトメールを送ったりしてみたが、満足のいく結果が得られなかった。そこで、「どこかのメディアが私たちを取り上げてくれるまで、ビジネスを開始するのをやめたんだ」とティムは言う。

「パブリシティ活動（※）」が新規顧客開拓の唯一の方法になった。彼らはアメリカ国内のあらゆる大手新聞社のフードエディターにターゲットを絞り、ワサビチップス（頭皮を熱くし、鼻を刺激する作用のあるセイヨウワサビ風の素材で味付けした日本のスナック菓子）のサンプルを送った。すると1ヵ月もしないうちに、彼らの会社やカタログ、商品についての記事が新聞に掲載され始めた。〝ヘル・イン・ア・ボトル（ボトルの中の地獄）〟や〝ヘルファイア＆ダムネイションソース（地獄の炎と破滅のソース）〟〝サタンズ・リベンジ（魔王の復讐）〟などのユニークなネーミングや、ティムの風変わりなカタログのキャッチコピーのおかげで、モーホッタ・モーベタ社の知名度はウナギ上りになった。

〔監訳者補足〕

（※）パブリシティ活動

テレビ局や新聞社、雑誌社などの媒体社が自社情報を無料で取り上げてくれるように働きかける広報活動のこと。広告料を支払って行われる広告活動とは異なり、客観性のあるニュースとして扱われるため、その情報の信頼性が高くなるメリットがある。有料でリリースされるパブリシティ（ペイドパブ）もある。

◪富をもたらした、紫色の恐竜キャラクター『バーニー』

子供に大人気の（親にとっては時にはわずらわしい）「I love you,you love me」というテーマソングを歌う、紫色の恐竜のキャラクター『バーニー』は制作者に何百万ドルもの報酬をもたらした。

教師のシェリル・リーチは産休のとき、小学生向けの教育ビデオを制作することを思いついた。メインキャラクターにテディベアを使おうと思ったが、2才の息子と恐竜展に行った際、彼が恐竜に異常な興味を示したので、恐竜に変更した。こうして、抱きしめたくなるほどかわいい恐竜キャラクター、バーニーが誕生した。

最初のビデオ『バーニーと裏庭のギャングたち（監訳者注：日本では2000年1月より『バーニー&フレンズ』シリーズとして放送された）は制作予算が限られていたため、シェリルは有名玩具メーカーや展示会、卸売業者と交渉せず、独自の草の根活動を展開した。〝マム・ブリッツァー（電撃ママ）〟と呼ばれる若い母親たちを集め、直接小売店に出向き、ビデオの仕入れを依頼し、店で展示してもらえるようオーナーを説得したのだ。

ある公共テレビの重役が4才の娘にこのビデオを買い与えた。そして、彼女がこの陽気な紫色の生き物に夢中になったことに衝撃を受け、これを1992年の4月にPBS（公共放送サービス）で放送したところ、大反響を呼んだ。

『バーニー&フレンズ』はすぐにPBSで一番視聴率の高い子供向け番組となった。視聴者は1千400万人に達し、その3分の2が小さな子供で、3分の1が親だ。最初はもちろん無料で番組として放映してくれたわけだが、その後、シェリルは毎週番組を制作し、プロデュースし、提供することになった。つまり、ビジネスになってしまったのだ。そして結果は？　恐竜サイズ（どデカイ）のブームの到来だ！

バーニーのファンクラブには70万人を超えるメンバーがいる。400万本以上のバーニーのビデオ、200万体の高価なおもちゃ、そして100万冊の本が売れている。バーニーの最初のアルバムはプラチナレコードになった。本書の執筆中、バーニーはニューヨークのラジオシティミュージックホールでの12公演のコンサートに「生」出演した。NBCテレビはゴールデンタイムに放映予定の1時間のバーニー特別番組の仕上げにかかっていた。また、シェリルと彼女のパートナーたちは、バーニーの初めての映画製作についての交渉をしていた。このように、新しいニュースがメディアに提供され続けることで、バーニーは流行の中心に居続けた。

ここでの教訓は、継続的に、そして頻繁にニュースリリースを出すことだ。継続することに価値がある。

『フォーブス』誌によると、バーニーは過去2年間で推定8千400万ドルという、業界トップ40の稼ぎ頭の1人だ。バーニーの市場での影響力は低下してきたようだが、制作者のシェリル・リーチと制作プロダクションのライオンズグループには莫大な富をもたらした。シェリルはミリオネアになったのだ。

もし、昔ながらの手法で出版社や既存のビデオ制作会社、また一流企業の流通部門にバーニーを売り込んでいたら、おそらく競争に破れ、日の目を見ることがなかっただろうとシェリルは思っている。米タブロイド紙『ナショナル・エンクワイアラー（National Enquirer）』のインタビューで彼女はこう語っている。

「新しいアイデアを広めたいときに資金や人手が限られているなら、普通とは違う方法を試してみることです。表からじゃなく裏口から入ってみる。交渉相手にノーと言わせてはだめですよ」

成功のポイント 38

ルールを破る

パブリシティイベントの力

私の友人のゲーリー・ハルバートは、トヴァ・ボーグナイン（監訳者注：ビバリーヒルズのセレブリィティで、俳優アーネット・ボーグナインの5番目の妻としても知られる。

彼女が立ち上げたスキンケア&フレグランスのメーカーブランドが『TOVA』）がスキンケア商品と化粧品、香水のビジネスを立ち上げたばかりの時期に、同社のコンサルティングをしていた。彼は新作の香水を売り出すにあたり、突飛な方法を用いた。ロサンゼルスの大きなホテルにプレスと一般人を集め、この香水の原料には違法な性的興奮剤は含まれていないと発表したのだ。

新聞には〝トヴァ・ボーグナインは神に誓って、新作の香水に違法な性的興奮剤を入れていません！〟という見出しが大々的に掲載され、その結果、何千人という人がこの香水を試すためにホテルのホールに渋滞を作り、先述の発表を直に確かめることになった。

また、『The Zen of Hype（広告の禅）』という本の著者で、時事評論家のローリー・ピンスキー（監訳者注：企業家やスモールビジネスに特化したマーケティングとPRを専門とするRaleigh Group社のCEO）は、あるイベントを行い、マリリン・モンロー人形を大々的にヒットさせた。

ローリーが玩具会社とキャンペーン内容の検討を始めたとき、会社は玩具業界内向けのメディアを使った宣伝しか考えていなかった。プロジェクトの基本方針――誰が、何を、どこで、いつ、なぜ行うのか――に従って、業界相手のおもちゃフェアのみで販売増加を狙っていた。しかし彼女はやみくもに業界に売り込むのではなく、消費者の目線から業界に働きかけたほうが賢明であることを説明した。需要と供給理論の「裏口からのアプローチ」、つまり、まず消費者側の購買意欲をうまく高めることから始めれば、あらゆるルートから注文が舞い込む。それだけでなく、教科書に載るほどの伝説だって作れるのだ。

ローリーのアドバイスに従い、メーカーはマリリン・モンロー人形の発売を延期した。そして、磁器製の原寸サイズ（とはいっても、小人サイズだが）で、限定版の人形を製作した。それは有名な職人の手による毛皮のコートをまとい、有名宝石商のダイヤのイヤリングをつけ、一流コスメティック・アーティストがヘアスタイルとメイク・アップを担当したものだ。価格はなんと5千ドル！

磁器のマリリンは大々的なお披露目まで謎につつまれたままだった。「彼女」はニューヨークの有名なＦＡＯシュワルツという玩具店に貴重品輸送車で到着し、武装した護衛とマリリンのそっくりさんによって店内の玉座にエスコートされた。

トラックの到着を記者たちが待ちかまえていたことで、好奇心旺盛な野次馬も集まっていた。このイベントはすべてのテレビのニュース番組やデイリーニュース紙の一面、タイム誌の特集、ありとあらゆるおもちゃ業界紙で取り上げられた。5千ドルの限定版人形は1週間で完売。その後に発売された定番の人形も国内の玩具店で首尾よく売れた。こうしてこの玩具メーカーは大金を得たのである。

何年か前、メディア関係の大御所であるテッド・ターナー（監訳者注：アメリカのメディア業界人で大実業家。ＣＮＮを創業。女優のジェーン・フォンダと結婚したことでも話題になった）は記者たちから「あらくれ船長（Captain Outrageous）」と呼ばれていたが、こうした無法者であることが大きな宣伝効果を生み出していた。

そしてテッド以上に、その種の話題でいつもトップだったのはマドンナだ。異論もあるだろうが、「非常識」なこと以外にほとんど才能のない彼女が、信じられないくらいの富を得た。ゲーリー・ハルバートはトヴァの香水のプロモーションでこの方針を選んだ。そしてこれは誰でもできることなのだ。

成功のポイント39

「あらくれ船長」でも大丈夫

◪わざと「非常識」を演じてみる

１９９３年から、私も「非常識」をウリにするという戦略を用いた。「No B.S.（ウソのないB.S. = Bull Shitで原意は〝牛のフン〟）」というテーマで自分のプロモーション活動を行い、このテーマを盛り込んだ本を2冊出版した。その1冊が『The Ultimate No B.S. No Holds Barred, Kick Butt, Take No Prisoners, and Make Tons of Money Business Success Book（究極の、ウソのない、型にはまらない、パワフルで積極的な、大金を生み出すビジネス成功本）』だ。この風変わりで異様に長いタイトルには、それ自体に大きな効果があった。

まず、国内チェーン店を含むいくつかの書店で（背表紙ではなく）表紙が見えるようにディスプレイされた。「ウソのない」シリーズは比較的小さな出版社で出したのだが、小出版社の場合、通常、大型書店チェーンに在庫を抱えてもらうよう説得するのがたいへんで、さらに陳列棚のスペースを多く割いてもらうためには相当な努力がいるのだ。

次に、表紙が見えるようにディスプレイされたおかげで、本が飛ぶように売れた。それまで私の著書を読んだことのない人も、この長いタイトルに引き付けられて本を手に取った。そして、友人にこの本のことを伝えてくれた。

3番目に、『インク』誌をはじめ、無数の新聞、業界紙やラジオでのインタビューにつながった。とりわけ『サクセス』誌は4度もこの本を取り上げてくれたため、かなりのパブリシティ効果を生んだ。

あるラジオのトーク番組の司会者は、本はまだ読んでいないが、本のタイトルについて

5つの質問をすると言った。その質問はこうだった――「〝ウソのない〟とはどういう意味ですか？」「〝型にはまらない〟とはどういった意味ですか？」「〝パワフル〟とは？」……。それは15分間の和気あいあいとしたインタビューとなり、多くのリスナーからの質問にも答えた。

米国小売書店協会の総会で、「ウソのない」シリーズの出版社スタッフは、「私は〝ウソのない〟起業家です」や「私は〝ウソのない〟マネージャーです」などと書かれたボタンを身に付けていた。我々はこのボタンを、デスクプラカードと一緒に記者たちにも送った。

この本の成功は、すぐに第2版の印刷につながった。第2版には2つの音声カセットが付いている。これは何千ものオフィス用品店や問屋の棚、またはカウンターに陳列され、よく売れた。1994年には、シリーズ第2弾『究極の〝ウソのない〟セールスで成功する本』を出した。この本の表紙には、ピンストライプの3ピーススビジネススーツを着た私が、砂漠の真ん中で夕日をバックに、大きな牛の背に座っている写真を載せた。

当然、この表紙については多くのコメントをいただいた。そして、講演やビジネスコンサルタントなどの、他のプロモーションにもこの写真を使っている。もちろん批判する人、非難する人もいる。しかし私の持論はこうだ。**1日に少なくとも1人の機嫌も損なわないようでは、十分な行動を起こしているとはいえない。**

◪ラジオのトーク番組に出演して自費出版本を宣伝

コロラド州デンバー在住のジョー・サバとジュディ夫妻は、私の生徒であり友人だ。2人は何百ものラジオのトーク番組でインタビューを受けているが、ほぼすべて、在宅の電話取材だ。彼らは自費出版した本をフリーダイヤルの受け付けで販売していて、広告費をまったくかけずに2万1千部以上を売り上げた。

2人は、息子ジョーの就職活動のダイレクトメール・キャンペーンを手伝い、大成功させた。その経験を生かして、彼らは初めての本『心からやりたい仕事に就く――採用通知を受け取る方法』を自費出版した。

初めの頃は宣伝のため、ラジオのトーク番組のプロデューサーに電話をし、アポを取り付け、ラジオ局に出向いていた。しかし後に、もっと賢明で楽な方法を思いついた。すべてのインタビューを家で受けることにしたのだ。インタビューでは、息子がよい仕事に簡単に早く就けるように、ジョーがどのような援助をしたかを熱心に語り、その内容を書いた本を15ドルで提供することを伝え、受付のフリーダイヤルを知らせた。こうして初年度だけで、自費出版本は3千部以上売れた。

ジョーとジュディは1986年からこのビジネスを開始し、次々に本を出版、ラジオのトーク番組を利用して、首尾よく利益を上げている。また、彼らの戦略は他の商品やビジネスでも通用する。実際、彼らは、商品を売りたい様々な人々がラジオのトーク番組を通して販売できるように手助けしてきた。

ラジオのトーク番組は過去数年で爆発的な成長を遂げており、ジョーのデータベースには700以上のトーク番組が記録されている。番組の司会者やプロデューサーが常に、時には必死で探しているのは、ラジオ番組におあつらえむきの、歯切れのいい、人の関心を引く、面白いゲスト、または物議を醸し出すようなゲストだ。そんなゲストはリスナーの注意を引き続け、リスナー参加型の番組なら、局の電話が鳴りやまなくなる。

友人のアル・パリネロはラジオ番組の司会者で、これまで3千人以上にインタビューしてきた。彼はラジオ局のオーナーでもあり、ニコロデオン（監訳者注：MTVやパラマウント映画などを傘下に持つ世界有数のエンターテインメント会社・バイアコムの一員。世界171の国や地域でアニメ番組などを放送している）とムービーチャンネルの発展に貢献した。多くのラジオ番組にゲスト出演し、ラジオインフォマーシャルのパイオニアでもある。TVガイド誌は彼を「宇宙時代の新種のスーパーセールスマン」と呼んだ。次のアルの話はラジオトーク番組のすごさを見せつけてくれる。

「保険の販売員に老後の計画についてインタビューしたことがある。これは特に脚光を浴びるようなトピックではないし、退屈な話になるのではないかと心配していた。しかし幸いにも、このゲストは私を驚かせてくれた。彼は社会保障庁が口座全体の10％以上で重大なミスを犯していることを暴露したのだ。そして彼のフリーダイヤルを聴衆に知らせ、政府に自分の口座を調査させるための用紙を無料で送付すると述べた。

おかげでラジオ局の電話は鳴りやまず、とても活気のある、面白い番組となった。この保険外交員のフリーダイヤルには1千800以上の電話があり、彼は1千800人の見込み客の名前、住所、電話番号と、彼らの関心を得たのだ。言うまでもなく、これがかなりの数の保険販売につながった」

これはニューヨークのたった1つのローカルラジオ局での話だ。

同じ戦略を全国レベルでも用いることができる。本やニュースレター、また、高齢者の財産管理や定年後の活動に関わる商品を販売するために、何百ものラジオ番組でインタビューを受ければいいのだ。

ラジオのトーク番組に出演したいなら、単調な作業を粘り強く続けるしかない。以下がその方法だ。

❶様々な資料をもとに、ターゲットとなる放送局、番組担当マネージャーとトーク番組の司会者のリストを作成する。特定の州や街の放送局に絞ってもいい。小さな局から

始めても、トップ100にランキングされる大規模放送局だけをターゲットにしてもいい。自分の目的に合ったターゲットのリストを作ることだ。

私の最近のビジネスでは、ある理由から、ラッシュ・リンボウ（監訳者注：アメリカで人気のラジオディスクジョッキー。トーク番組『ラッシュ・リンボウ・ショー』は全米645ラジオ局で放送され、保守層を中心に人気があり週に2千万人を超えるリスナーがいる）の番組を放送している一定規模の局のみに絞った。

❷ベーシックなニュースリリース、シンプルな手紙やチラシ、またはポストカードからコミュニケーションを始める。

ジョー・サバは、派手で目を引く色の大きめのポストカードを使う。個人的には、簡単なカバーレターと1枚のニュースリリースを封筒で送るという昔ながらのアプローチが好きだ。ニュースリリースをファクスで送る方法も一般的になってきた。

カバーレターには自分の情報――会社名や組織名、著書、商品やアイデア、そしてその放送局のリスナーが、あなたやあなたの商品に興味を持つと思う理由を書いておく。当然のことだが、ニュースリリースは真実を述べなければならない。興味をそそる見出しも必要だ。司会者やプロデューサーはタイムリーで刺激的なニュースを探しているのだ。
他の資料を同封してもいい——インタビュー時に受けたい質問の箇条書き、有名なメディアで掲載された記事のコピー、出版する本のサンプルや表紙のコピー、他局の司会者の推薦文などだ。すべての資料を一度に送るより、数日おきに、少しずつ送付するほうが効果的な戦略といえるだろう。

❸司会者や番組プロデューサーの多くはこういった資料を熱心に見るはずだ。そのトピックがリスナーの興味を引き、リスナーからの電話が増えると彼らが判断すれば、連絡してくる。たとえ採用されなくても、扉が完全に閉ざされてしまったわけではない。ファーストコンタクトで彼らの気を引くことができなくてもトライし続けることだ。
一番よいのはレター発送後、電話をして、内容を簡潔に話すことである。もし彼らが興味を示せば、すぐにもう一度資料をファクスするか宅配便で送る。これはとても時間がかかる方法で、忍耐力と継続力が必要だ。いつ電話をしても相手は不在かもしれない。タイミング悪く電話すれば、また掛け直さなければならないだろう。しかし努力は報われる。

最近、130の放送局にレターを送り、その後すべての局に電話をかけ、何とか担当者と話すことができた。レターを受け取り、読んだことを覚えていたのは20人弱だけだった。しかし、電話連絡の後また資料を送り、さらに後日電話でフォローアップすると、今度はよい結果を得ることができた。

❹最初にうまく行かなければ、新しい角度からアタックしてみる。たとえば、犬のしつけについての本やマニュアル、ビデオを出版しているとする。ラジオをターゲットにしたパブリシティキャンペーンを行い、著者を〝スターのためのドッグトレーナー〟として紹介する。これをアカデミー賞の時期に行えば、ハリウッドのセレブたちが飼っているペットについてインタビューされるかもしれない。11月なら「犬を子供にプレゼントしたい親への忠告」というマニュアルがいいかもしれない。時期も内容も様々な企画があれば、様々な司会者やプロデューサーが、それぞれ異なった反応を示すだろう。

◪ラジオでのインタビューで1つのビジネスが成立した

次に、これまでの中で最も独創的なラジオインタビュー戦略の話をしよう。これはあるクライアントが教えてくれたものだ。匿名を希望しているので、商品名とビジネスの具体的な内容は伏せて紹介するが、とても参考になるはずだ。

元スポーツ選手のMは、ユニークな健康関連の商品を2つ開発し、製造・販売している。マーケットを厳選し、有名なショッピングモール内の健康食品店かスポーツ用品店1店舗だけに、1週間の期間限定で商品を置いてもらう。売上は店と折半だ。そしてローカルのあらゆるラジオ、テレビのトーク番組に出演し、自分のキャリアとアイデア、商品について語る。同時に、いつ、どの店に行けば、彼と直接会えるかも伝える。こうして毎日、日中はインタビュー、夜は店に行き、土曜日の夜にその店での1週間の仕事を終える。

彼はどんな街に行っても、最低2万ドル分の商品を売るだろう。これまで、1週間で5万ドルを売ったこともある。売上の半分を店に支払い、在庫管理費、交通費、郵送費、商品の製作費を差し引いた彼の粗利は売上の20%、1万ドルの売上なら2千ドルになる。彼は月に2週間働き、2週間休む。昨年の売上は70万ドル、純利益として13万ドルを手に入れた。

現在は自分と同じ仕事をしてくれるスポークスマンの育成に忙しい。彼らは担当地域を持ち、彼から商品を購入し、利益を折半する。これにより、今年は300万～400万ドルを売上、50万ドル程度の利益をキープすることが見込まれる。

◪全国放送のテレビ番組出演で利益を得られるのか？

モチベーショナルスピーカー、リー・ミルティアは、私の元クライアントで、今は友人である。彼女はプレス向けの資料やチラシ、本やテープを、アメリカとカナダの大手テレビ局に根気よく送り続け、プロデューサー達が購読する業界誌『ラジオ&テレビインタビューレポート』で宣伝を繰り返した。

そして『オペラ・ウィンフレイ・ショー』のカナダ版といえる『ディニ・ペティ・ショー』から出演依頼を受け、目標設定やヴィジュアライゼーション（監訳者注：視覚化。自己啓発でよく使われる手法）、ストレス発散について語った。そのインタビューだけで、音声カセット商品がフリーダイヤルで4万ドル以上も売れ、彼女は見込み客を何千人と獲得した。また、局は彼女をとても気に入り、この番組のレギュラーゲストにしてくれた。ディニ・ペティ・ショーの出演だけで、ビジネスの直接的な利益は25万ドルを超えるだろう。他に間接的な利益があったことは言うまでもない。

「レシピの探偵」として知られるグロリア・ピッツァーは、『フィル・ドナヒュー・ショー』に2度出演し、文字通り彼女のビジネスを築いた。彼女はケンタッキーフライドチキンやマクドナルドの特製ソースなどを自宅で作れるレシピを載せた手作りのシンプルなニュースレターを発行している。ドナヒューの番組では、これら有名店の味をシンプルな材料で、安価に自宅で再現する方法を紹介した。そして、何千人もの有料購読者を広告費ゼロで獲得したのだ。彼女はテレビ出演の経験も有力なコネもなく、お金のかかる宣伝担当者もいなかった。もちろんその他、普通の人が持っていないものは利用していない。

また、アル・パリネロがABC放送の『グッドモーニングアメリカ』で、エリザ・レイザーにインタビューしたときの話をしてくれた。インタビューの終わりに彼女が『メールオーダー・ショッパー』というニュースレターを1部、1・5ドルで提供すると申し出たそうだ。数日後、郵便局からエリザに電話があり、郵便物をどうやって届けてほしいかと聞かれた。当惑しながらも、いつも通りに家に届けてほしいと伝えると、数日後に、配達員が1・5ドルの小切手7万通が入っている袋をいくつも玄関先に引きずって来たのだ!

◪賢い起業家ほどパブリシティを使う

本書で紹介する起業家のほとんどが、時間と手間をかけて作ったパブリシティを、マーケティングツールの1つとして使っている。ベガスワールド（第2章参照）のボブ・ストゥパックは、テレビ番組で50万ドルを賭けてブラックジャックでコンピューターと対戦して勝ち、ベガスのプロ勝負での史上最高の掛け金の記録（100万ドル）を樹立した。さらに市長に立候補し、CBSの『60ミニッツ』へも出演、また、『クラップレスクラップス』

という風変わりなカジノゲームを発案し、現在は国内最大のタワーを建築している。これらはすべて明らかにパブリシティを意識したものだ。

ガシーレンカー社（第8章参照）は、ＴＶショッピングに関するあらゆるメディアレポートで共同経営者のビルやグレッグの発言が引用されるように、ＰＲ会社を使っている。その結果、ＴＶガイド誌からフォーチュン誌まですべてのメディアでカバーされている。

グリッピング・ソリューションズ社のトム・ドイル（第3章参照）は、競争意識の高いレーシングチームや、自転車雑誌の編集者やコラムニストに、無料でマウンテンバイク用ハンドルグリップを配布した。この結果、ほとんどの雑誌で高い評価を受け、それらの記事から繰り返し引用できる強力な宣伝文句を得ることができた。

ジョセフ・コスマン（第3章参照）は、パブリシティや宣伝イベントを使って商品の販売促進をするエキスパートだ。彼はニューヨーク市のおもちゃショーの日に、スパッドガンというおもちゃの宣伝のために一大イベントを仕掛けた。全国の農家からジャガイモをかき集め、市内を埋め尽くしたのだ。おかげでジョセフは逮捕されかかったが、スパットガンはその展示会で大評判となった。

このように賢い起業家はみなパブリシティを販売促進の武器やビジネス構築の方法の一つとして利用している。少数だが、これに完全に頼ってビジネスを築いている起業家もいる。アル・パリネロが語った保険販売員の例のように、パブリシティを利用して、レターや電話、あるいは直接会ってフォローアップすることで、〝ホットな〟情報を得ることができる。また、マリリン人形の例のように、広告をあまり使わずに新商品を売り出すためにもパブリシティはよく使われる。他に様々なパブリシティの利用法がある。自分にはどのパターンが適しているか、しっかりと考えてみるべきだ。

成功のポイント 40

パブリシティは誰でも利用できる。興味がないからといって、その効果をみくびってはいけない。

パブリシティの秘密、5つの「P」

自分で広報活動をしようが、お金を出してPR会社を使おうが、肝心なことは同じだ。パブリシティを生み出し、パブリシティのチャンスを得るための5つの鍵がある。

①Predict（予測する）

世間は未来予測が大好きだ。毎年のようにジャンヌ・ディクソン（監訳者注：米国の超能力予言者、占星術師。ケネディ暗殺を予言したとして有名）などの超能力者が世界各国で起こるであろう事件や著名人の生活、その他のことについて予言し、大々的に報道される。ラジオのトーク番組には、専門家や著者、研究者、占い師が登場し、株式市場から世界の終焉まで、様々な予言をする。ビジネス界では、消費者の動向を予測したフェイス・ポップコーン（監訳者注：アメリカのトレンド予測の第一人者、マーケティングコンサルタント。著書に『彼女が買うわけ、会社が伸びるわけ――女性を魅きつけるマーケティング8つの法則』早川書房、がある）が有名だ。

アメリカで最も人気のある経済ニュースレターは、マーク・ショーセンの『予測と戦略（Forecast and Strategies）』だが、「予測」という単語はたまたまタイトルになったのではない。マークは数多くのトーク番組にゲスト出演し、メディアに大きな影響力を持っている。

1989年の投資カンファレンスのスピーチで、マークは500人の投資家や記者を前に「ベルリンの壁は崩壊するだろう」と予言し、その影響を議論した。彼の予言は嘲笑と皮肉で迎えられたが、1ヵ月後、壁は崩壊した。その後何年にもわたり、彼は印象に残る予言をしていて、いくつかは的中している（的中しなかった予言もあるが、世間の記憶というものは予言者に対して非常に寛容なようだ）。

②Provoke（挑発する）

私の著書『究極のマーケティングプラン』（東洋経済新報社）で、マーケティングでの一番の罪は退屈であることだと述べた。顧客やクライアント、見込み客は退屈であること以外はだいたい何でも我慢できるだろう。パブリシティにおいては、このことが何倍も重要になる。世間の注意力はほんのわずかな時間しか続かないため、メディアは人々の注意を引き、キープするには挑発的であることが必要なことを知っている。

ダグ・ケーシーは数年前、彼の著書『How to Profit from the Coming Economic Crisis（来るべき経済危機から利益を得る方法）』でかなりの評判を得た。人々はたちまち「危機とは何か？」「いつ来るのか？」「どうやってそれに備えればいいのか？」を知りたくなったのだ。

ローラ・コーン（監訳者注：セックス・アドバイザー。テレビ・ラジオで幅広くセックスのテクニックを紹介し、視聴者の悩みには親身になって回答する。ラジオのトークショー出演は2000回にも及び、これまで5000人を超える男女にインタビューをしてきた。オーナー兼社長）は、常にラジオ番組への出演をマーケティングに活用し成功している。彼女は『女が男に聞くべき367の質問』という本を自費出版した。これは明らかに挑発的なトピックだ。たとえ誰であろうと、女でも男でも、既婚でも独身でも、若くても年配でも、このタイトルを気にせずにはいられないだろう。いったいどんな質問なのか気になるはずだ。なぜ女が聞くべきなのか？　男は何と答えるのか？

人気作家のバーバラ・デ・アンジェリスは、セミナーの指導者であり、インフォマーシャルのスターでもある。彼女は、日中のトーク番組に何度もゲスト出演し、「恋人間に存在する5つの見えない時限爆弾」について語っている。彼女がこの話題を持ち出すと、当然誰もが時限爆弾の正体を知りたがる。「自分と恋人の間にも時限爆弾があり、時を刻んでいるのだろうか？」と。

ジョン・F・ケネディ暗殺やエルヴィス・プレスリーの死、クリントンの過去の財務操作や不倫疑惑が公になった背景にある「陰謀」を扱った書籍の著者たちなら、すぐにマスコミが取り上げてくれる。国民の大多数は、国家権力やその他すべての権威にかなりの不信感を抱いていて、その挑発にのりやすい。先のような悲劇を偶然の出来事とするより、実際何が起こったのかを説明してほしいのだ。そのため、陰謀説はいつも注目される。

また、世間の犯罪に対する不安の増大に伴い、安全関連商品の考案者、銃規制の支持者や反対者、自己防衛術のインストラクター、そして防犯アラームのメーカーなどが、パブリシティを利用できる機会が増えた。中でも挑発的態度を取る人をメディアは好むようだ。

③Public（メジャーになる）

メジャーなトピックを扱うという意味だ。たとえば、ローラ・コーンが多くのメディアでパブリシティ活動をするのは、私がやるよりもずっと簡単だろう。彼女はセックス、愛、そして男女関係を扱う。これほどメジャーなテーマは他にない。

私の場合、ビジネス分野が専門なので興味を持ってくれる人は限られている。実際、これまでほとんどのパブリシティ活動を、ビジネス、経済、業界の出版物で行った。もちろんそれが私の目的にかなったものだ。しかし、正直に言うと、大手メディアでのパブリシティは成功していない。もし、大手メディアでのパブリシティを求めているなら、多くの人の興味をそそるトピックを探すべきだ。

④Personality（個性的になる）

放送メディアは、大胆でユーモアがあり、興味をそそられるキャラクターを求めている。『1001 Free Goodies and Cheapies（おいしいもの、安いもの1千1選）』の著者、マシュー・レスコーは、『ラリー・キング・ショー』にたびたび出演し、とてもウケがいい。その理由は彼がとてもエネルギッシュで、エキサイティングで、人を楽しませる性格だからだ。ラリーにとって、マシューの出演は、素晴らしい番組を提供できることの保証のようなものだ。

⑤Persistence（継続する）

番組プロデューサーや司会者の関心事やニーズは日々変わる。たとえばある週、児童心理学者が男女差別・人種差別に対抗するための教育玩具を発明したが、誰も見向きもしなかった。しかし翌週、女学生のグループがセクハラで学校を訴え、『フィル・ドナヒュー・ショー』は若者のセクハラについて意見を聞くために専門家を集めた。これで先述の心理学者が注目されるかもしれない。

ほとんどの番組のスタッフは受け取ったプレス用資料をファイルに保管している。資料送付後、1ヵ月、さらに1年たって番組出演のオファーを受けたクライアントも何人かいる。とはいえ、新しい情報や記事、プレスリリース、その他の資料を、ターゲットリスト内のメディアに頻繁に送るのが最も賢いやり方だ。

第11章 究極のミリオネア戦略

小さなギフトショップが年500万ドルのビジネスに成長した理由

ボブ・ニューマンは、ほんの偶然からホテルのオーナーになった。

1995年、彼は、アンカレッジホテルのロビーに『グリズリーのお店』という小さなギフトショップをオープンした。彼の家は長年小売業を営んでいた。アラスカ州の主要産業が、石油から観光にシフトしていると気付いたボブが、州の特産品や工芸品を扱うギフトショップをオープンしたのは自然な流れだった。

その後、ボブは通販事業に携わることになる。店ではエスキモーが作ったナイフや毛布、鮭やアザラシ油のキャンドル、風景画のポストカードや小物類などを販売していて、中でも『アラスカ地震の缶詰』は特によく売れた（『アラスカ地震の缶詰』は、持ち上げるとゴロゴロという音を出しながら振動する。それに驚いて手から離して置くと、左右にぶるぶると震えるおもちゃだ）。これを買った顧客から手紙や電話で追加の注文が来るようになったので、彼はこの商品の広告を出すようになった。その後、その他の商品の追加販売を期待して、顧客に送付するカタログを作った。

しかし、アンカレッジホテルに危機が訪れた。

アンカレッジを訪れる観光客の多くは、グリズリーのお店のあるアンカレッジホテルに宿泊した。全盛期には、ウィル・ロジャースやウォルト・ディズニー、ウォレン・ハーディング大統領のような人物が泊まるホテルだった。しかしいつしか、売春婦や麻薬中毒者が出入りするようなホテルになってしまい、その輝きは色あせた。そしてついに、ホテルは競売にかけられることになった。ボブは、ホテルが買収されると、ホテル内の店舗はお払い箱になるに違いないと思った。

ダウンタウンでよい物件を見つけるとなると莫大なお金がかかる。そこで彼は、1988年に自らホテルを買い取った。そして、その荒廃したホテルを、25万ドルを投じて夫婦で苦労しながら高級感のあるヨーロッパ風のホテルに改装した。その結果、グリズリーのお店は大繁盛するようになった。店舗面積は2倍になり、観光客が最も多い夏の繁盛期には、45人の従業員を雇うこともあった。『グリズリーのお店』の通販事業は、店全体の売上の5～15%を占めるようになり、1985年には20万ドルだった店の売上は、1994年には500万ドル近くになった。もちろんホテル自体も大繁盛した。

ボブにとってホテルの買収はやむをえないことではあったが、勇気を持って効果的に行えたといえるだろう。それが、「相乗効果（シナジー）」を生むことになった。3つのビジネス（ホテル、ショップ、通販）を組み合わせることで、個々に行った場合よりも全体的な価値や成功を高めることができたのだ。あるビジネスが他のビジネスと合わさることによって、単体で得られる以上の結果を上げられるようになる、それが相乗効果だ。

成功のポイント41

相乗効果を狙え！

既存のビジネスで相乗効果を利用して成功する

飛行機の座席にセットされた『セレブレーティング・エクセレンス』のカタログを見たことのある人は多いだろう。『セレブレーティング・エクセレンス』は、〝サクセサリーズ：Successories（サクセスとアクセサリーを組み合わせた造語）〟と呼ばれる、人にやる気を起こさせるポジティブな言葉や格言がデザインに組み込まれた額やポスター、文具やTシャツを扱っている。サービス業者や企業の管理部門向けに作られた格言集や本、カセットなどもある。商品の多くは高所得者層向けだ。たとえば、『アクション・アート・リソグラフ（行動を引き起こすアート）』と呼ばれる美しい写真が印刷されたポスターは、69・95ドルで売られている。

イリノイ州ロンバードにある、印刷とグラフィックアートの会社が、事業の延長線上でお金をかけずにカタログを制作したのが〝サクセサリーズ〟の始まりだ。昔からある、いわゆるポジティブ思考の効果を強く信じていたオーナーのマック・アンダーソンは、自社の設備を使い、最初の商品を作った。

その後、カタログ通販事業を徐々に拡大し、7年後に〝サクセサリーズ〟の1号店をオープンする。この店舗はシカゴの本社に置いた。本社には、シカゴ地区の企業をターゲットにした営業チームを配置していたため、1号店はターゲット企業向けのショールームのつもりでオープンした。ところが、このショールームとして作った店舗にわざわざ足を運んで買ってくれる客の数が思いがけず多かったのである。オープンした1991年には、この1号店の売上は70万ドルを突破した。

マック・アンダーソンはさらに3つの直営店をオープンした。次に、そのノウハウを生かしてフランチャイズ展開を始めた。現在、フランチャイズ店は米国で80を超え、250店という目標はまもなく達成されるだろう。また、代理店はオーストラリア、オランダ、アイルランド、サウジアラビア、シンガポール、そして南アフリカにまで広がっている。会社は継続的に全国規模で何百万冊というカタログを郵送する。機内誌や贈答品カタログを利用しての宣伝も行う。フランチャイズ店、代理店ともにその恩恵を受けているわけだ。また、ほぼすべての店舗に営業チームがいて、店舗とカタログを利用しながら、賞品や景品としてまとめ買いしてくれる企業をターゲットに販売活動を行っている。

会社が作るカタログのおかげで、各店舗は経費ゼロで広告を出していることになる。共通のカタログを自店のカタログとして利用しているのだ。販売、流通は各店舗に任せ、そこからの利益で会社は、新商品の開発に専念することができる。一方、各店舗の営業チームは、来店はしないが常連客になる可能性の高い企業からの取引を獲得する。アプローチしたけれども販売につながらなかった見込み客にも、次の来店や販売を期待して、引き続きカタログを郵送し、店と商品の宣伝を行う。営業チームの活動と、カタログによる店の宣伝により、フランチャイズ店の成功の確率は確実に高まる。〈カタログ〉×〈店舗〉×〈営業チーム〉=〈億の売上〉となる。

この3本の柱の相乗効果によって成功は桁外れなものとなる。サクセサリーズ社の親会社であるセレックス・グループは、1994年の第1期4半期の売上と利益が、前年比の129%増というとてつもない記録を達成した。不測の事故でもない限り、セレックス・

グループは、今後2年で2倍に成長するだろう。

◪ミニ・コングロマリット化を図る

私はクライアントに、自分のビジネスを他人とはまったく異なる視点で見るように勧めている。「あなたの仕事は何ですか？」と尋ねると、いたって限定的な答えが返ってくるものだ。人は心理的な理由や、他の何らかの理由で、自分を枠にはめてしまっている。宝石のチェーン店の経営者に仕事を尋ねると、「私は宝石商だ」と答えるか、よくても「私は宝石のチェーン店を経営している」と答えるだろう。しかし、このように枠にはめてしまうと、ビジネスの可能性が限定されてしまう。

たとえば、一般企業向けに表彰用の宝石を販売する営業チームを作ろうとか、カタログ通販を始めてみようとか、南太平洋から真珠を輸入しようとか、彫刻入りの高級ギフトを売ってみようとか、ウェディング専門店やウェディング商品カタログを作ってみようとか、ユニークな新婚旅行専門の旅行事業を始めてみようとか、そういったアイデアは出てこなくなってしまうのだ。

「焦点を絞ること」と「限定すること」は違う。私が繰り返し勧めているのは、「顧客に焦点を絞る」ことだ。TCV（トータルカスタマーバリュー）を思い出してほしい。ビジネスをするうえで最もコストがかかるのは、新規顧客を獲得することだという事実がわかったなら、やみくもに新規顧客を探し回るより、すでに信頼関係のある既存客にさらに多くの商品やサービスを提供していくほうが、より簡単に収益を上げることができると気付くだろう。そして、その考えと他のものをうまく合わせて相乗効果を狙うのだ。たとえば、同じ顧客に２つの異なるサービスを提供できれば、新規顧客獲得コストを半減できるだけでなく、固定費や管理費を増やすことなく純利益を増やせるだろう。

また、「商品に焦点を絞る」こともできる。その先駆者であるディズニーはこんな疑問を持った。

「多くのメーカーが、ディズニーキャラクターの使用権を得るために躍起になり、様々な形に商品化し、あらゆる種類の店で、何百万単位で販売しているのに、なぜ我々は、自分たちの店で売らないんだ？」

今では、大人気のディズニーストアが入っていないショッピングモールを見つけるのは難しい。

ディズニーの成功を見てワーナーブラザーズも、キャラクターの商品価値を眠らせていたことに気付いた。今やワーナーブラザーズストアも同様に成功し、その数は急増している。両社とも、カタログ通販でも大成功しており、カタログで店舗の宣伝も行っている。

以前、『Be Your Own Boss（自分自身が自分のボスになる）』関連商品をトニー・ロビンソン、フラン・ターケントン、アントレプレナー・マガジンのコラムニストたちと共同で執筆して、TVのインフォマーシャルで商品を宣伝したことがある。そのとき、ベヴァリーという女性にインタビューをした。彼女は、アントレプレナー・マガジンのビジネス・スタートアップ・ガイド（開業マニュアル）を使い、アトランタの『ザ・アンダーグランド』にグルメ志向のマフィン店をオープンした。ほうれん草やマッシュルームなどを使ったオリジナルレシピのユニークなマフィン『ミール・インナ・マフィン（Meal-In-A-Muffin）』を売る彼女の店は大繁盛していた。

しかし、店の全体の利益はベヴァリーの期待していたほどのものではなかった。ちょうど何か別の方法で収益を上げられないかと考えていたところに、地元のウォールマートの幹部から、マフィンを包装してウォールマートで売らないかという提案があった。その時、ベヴァリーは、「自分はベーカリーの納入業者ではない」とは言わなかった。彼女は、喜んでその提案に乗り、すぐにベーカリー製造業に参入した。

最初は、店の中に、ウォールマート向けのマフィンを夜勤で作る人員を配置した。しかしまもなく、ウォールマートや他の納入先の需要が増え、家賃の安い地域に大きなマフィン工場を持たざるをえなくなった。

その後の話では、この事業は、店舗のビジネスより大きくなり儲かっているという話だった。

相乗効果で事業を拡大できる基盤（商品や顧客など）がすでにあれば、そのビジネスが成功を収める確率は高い。そんなチャンスに気付き生かすためのヒントを次に述べよう。

①大きく考えろ！

どんな大企業も小さな商売から始まった。誰でも、広げる、真似をする、多角化する、組み合わせるなどして、小さな商売をワクワクするような成長ビジネスに変えることができる。

②広く考えろ！

自分のビジネスを定義づけて、狭く限定するのはやめる。考え方の枠を取っ払い、新しいチャンスを生かしてうまく利用しよう。

③資産活用を考えろ！

自分の最も大きな資産を考えてみる。「長年の常連客がいる」「店の立地条件がよい」「商品が優れている」など様々な資産が考えられるだろう。それが何であれ、どうすればそれを最大限活用できるか、どうすれば資産価値を高めることができるかを考えてみよう。

たとえば、ミッキーマウスは、もともとは単なる漫画のキャラクターで、映画館で上映される短い漫画に使われていた。しかし、その単なる漫画のキャラクターが、後に、コミックブックや絵本、ビデオや映画、アニメや服やおもちゃ、テーマパークやケーブルＴＶネットワークなど、様々な形で最大限活用され、〝資産〟となったのだ。

④相乗効果を考えろ！

どんな要素を組み合わせれば、ビジネスの価値をただ増やすだけではなく、何倍にもすることができるだろうか。

おわりに

人々が、世界中の国の中からアメリカ合衆国を選ぶのには理由がある。合法的に移住するために辛抱強く待ったり、粘り強く戦ったりする人がいる。命をかけて非合法に入国しようとする人もいる。危険な砂漠を日が暮れたあとに渡ってくる人もいれば、いかだを漕いでやってくる人もいる。この現象はアメリカ建国以来変わらず、アメリカが真の自由企業社会である限り続くだろう。なぜなら、ここには素晴らしいアメリカン・ドリームがあるからだ。

そして、すべての人がアメリカン・ドリームを夢見ることができる。アメリカはどのポジションから始めようとも、どんな障害を持っていようとも、誰もが自由に目標を設定し、それを達成することができる唯一の国である。その目標は、自分のアイデアから100万ドルを稼ぎ出すことでもよいのだ。本書の目的の1つは、アメリカン・ドリームは誰にでも開かれているということを再確認することにもあった。

私は、これまでに携わったビジネスや達成したことにおいて、何の資格も持っていない。業界で桁違いに稼ぐコピーライターでマーケティングコンサルタントをしているが、大学に行ったこともなければ、広告業界で正式に学んだことも見習いをしたこともない。

また、1回の講演で1万ドルから2万5千ドルを稼ぐ（講演料に教材の売上を含めて）ほど成功しているプロの講演家でもある。これまでに、たくさんの有名人や2人の元アメリカ大統領とも演台を共にした。しかし、子供の頃は、どうしようもならないくらいのどもり癖があり、高校でのスピーチの授業の成績はCだった。スピーチの正式なトレーニングを受けたこともなく、トーストマスターズ（監訳者注：話し方やパブリック・スピーキングのやり方を教える非営利教育団体）の集まりに行ったことすらない。

私は、自分のアイデアで数百万ドルを稼ぎ、私のクライアントが何百万、何億ドルと稼ぐのを手伝った。そして今、本書を書き終えた。私の体験があなたを勇気づけ、私の紹介したアイデアが成功の一助になることを願う。本書があなたにとって楽しく役立つものでありますように。

■まとめ「ミリオネア起業家になるための8つの方法」

第1章で自分のアイデアを使って数百万ドル稼ぐ8つの方法を述べた。さらに、本書を通して、そういった方法をうまく生かしている人や会社の事例から多くを学んできた。

以下に、8つの方法についてそれぞれの重要な戦略とポイントを述べる。

方法❶ 〝ありふれたビジネス〟を革新する

- プレミアム料金でプレミアムな価値を提供する。
- 断り難い魅力的なオファー（irresistible offer）を提示する。
- 付加価値を提供し利益を増やす。
- 多角的なマーケティングで効果を何倍にもする。
- 常に顧客の声を聞き、それに応える。
- 時間と手間をかけて顧客ロイヤルティを築く。

方法❷ 収益の高い商品やビジネスを独占する

- 市場を得てから商品を作る（通常とは逆のやり方）。
- 実証済みの基準で最も興味ある商品やビジネスを選ぶ。
- 自分も相手もウィン・ウィンの関係になれる限定的な独占契約を結ぶための交渉をする。

●頼まなければ得るものはないと肝に銘じる。

方法③ サービス化を促進していく

●大きく考える！（サービス業は小さくまとまってはいけない）
●人がもっとも悩んでいることを解決するサービスを考え出す。
●時間を節約するサービスを考え出す。
●何かに特化する。
●自分の才能を生かす。

方法④ 成功したやり方を「コピー」して、数を増やしていく

●システム化する——いかなる種類のものでも、コピーして数を増やして築かれる財産の基盤にあるものは、堅実なシステムである。
●自分の知識や方法や考え方を複製する。
●自分のビジネスやマネーメーキング・システム（現金製造装置）をパッケージ化する。

方法⑤ ダイレクトに売る

●仲介業者や複雑な流通を使わず、エンドユーザーと直接関係を築いて商品を売る。
●顧客データを集めるためにマーケティングを使う。
●試行（テスト）を繰り返す。

●他人の既存顧客との関係やデータベースをうまく利用する。

方法❻　情報をお金に換える

●最も需要があり消費される商品は〝情報〟だ。

●オンデマンドで情報をパッケージ化して売る。

●何かのノウハウがあるなら、すでに儲かる情報ビジネスの基礎がある。

●情報ビジネスに全面的に参入しなくとも、既存のビジネスに情報ビジネスを組み込むことは可能である。既存の商品に情報という商品を盛り込むこともできる。

方法❼　知名度を最大限に活用する

●広告やマーケティングを積極的に行わなくても知名度を上げることができるパブリシティは強力だ。パブリシティを利用して事業を築き上げろ。

●〝とんでもないニュース〟を作る。

●全国的に人気の高いラジオのトーク番組を利用しろ。

方法❽　独創的かつ賢明な組み合わせを行う

●たった1つの方法で築かれた富などほとんどない。1つのアイデアが億を生み出すときはたいてい、たくさんの方法が独創的に組み合わされた結果である。

［監訳者］
牧野真（まきの・まこと）
1962年生まれ。マーケティングディレクター（大手広告会社勤務）。大学講師（非常勤）などを歴任。大企業を中心に商品開発、コミュニケーション戦略、新規事業開発、ブランディング、ダイレクトビジネスなどの戦略を立案。豊かさマインドを持つエネルギッシュな人たちとユニークなビジネスを創造していくことを喜びとしている。
著書・訳書に『プレゼン＆セールスに即役立つ「市場調査」集中講座』（アスペクト社）、『一生お金に困らない人のシンプルな法則　究極のミリオネア入門』『顧客は追いかけるな！48時間で顧客が集まるシンクロニシティの法則』（監訳、ダイヤモンド社）、『マーケティング大進化論』（中経出版）などがある。

＜運営ＨＰ＞
●スピードマーケティング・ドットコム
http://www.1speedmarketing.com
●牧野真オフィシャルブログ
http://blog.makinomakoto.com/

［訳者］
ディビッド・ヒラキ（でぃびっど・ひらき）
米国ナスダック上場ハイテクベンチャー企業の日本法人代表を経て、現在は税理士法人や人材紹介企業、スモールビジネス等のコンサルティングを行う。
連絡先は、hiraki@davidhiraki.com

大崎圭子（おおさき・けいこ）
翻訳家。航空会社（スチュワーデス）、ネパール総領事館での翻訳・通訳業務を経て、現在はエグゼクティブ向けの海外旅行プロデュースを行う。

［著者］
ダン・S・ケネディ（Dan S.Kennedy）
全米を代表するコンサルタント、ダイレクトマーケティング界のカリスマ。実業家としても成功を収め（マルチミリオネア）、クライアントは売上100万ドルの中小企業から10億ドル級の大企業まで多岐に渡る。プロの講演家としても有名で、ジョージ・ブッシュ元大統領（父）、ドナルド・トランプ、ジグ・ジグラー、ブライアン・トレーシー、アンソニー・ロビンスなどと全国で講演。趣味は繋《けい》駕《が》（二輪馬車を引かせる競馬）で、全米各地に競争馬を何頭も所有している。著書に『大金持ちをランチに誘え! 世界的グルが教える「大量行動の原則」』（東洋経済新報社）、『常識の壁をこえて』（阪急コミュニケーションズ）などがある。

億万長者のビジネスプラン

2009年7月30日　第1刷発行
2015年12月21日　第8刷発行

著　者——ダン・S・ケネディ
監訳者——牧野真
発行所——ダイヤモンド社
〒150-8409　東京都渋谷区神宮前6-12-17
http://www.diamond.co.jp/
電話／03･5778･7234（編集）　03･5778･7240（販売）
装丁———松昭教
編集協力——バウンド
製作進行——ダイヤモンド・グラフィック社
印刷———八光印刷（本文）・共栄メディア（カバー）
製本———宮本製本所
編集担当——笠井一暁

ISBN 978-4-478-00534-7